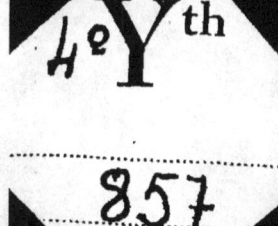

En vente chez tous les libraires — Prix : 40 cent. — En vente chez tous les libraires

COCHER!... A BOBINO!

REVUE EN TROIS ACTES ET NEUF TABLEAUX

PAR
M. SAINT-AGNAN CHOLER

Décors de MM. Robecchi et V. Simon. — Costumes dessinés par M. Chatinière

REPRÉSENTÉE POUR LA PREMIÈRE FOIS, A PARIS, SUR LE THÉATRE DU LUXEMBOURG, LE 31 DÉCEMBRE 1863

DISTRIBUTION DE LA PIÈCE

JOSON	MM. Detroges.	TRITE, LE NOUVEAU TEMPLE	Mmes Gaspari.	LA CHALEUR, LA DAME AUX BOUCHONS DE CARAFE, LE SIMILI-MARBRE	Mmes Jacobus.
COCODET	Houdin.	LA TEMPÊTE, ZILDA LA DOMPTEUSE, LE BILLET DE BANQUE, LE VAUDEVILLE	Esther.	GUGUSSE, LE THERMOMÈTRE, L'HÉLICOPTÈRE	Alice.
NÉFENDU, MITOUFLARD	Monroy.				
ROSE DE MAI	Panchost.				
MILON DE CRETONNE, TATILLON	Tallin.	LE PETIT JOURNAL, LA MUSIQUE DES RUES, FÉLICITÉ, L'INDUSTRIE	H. Cavali.	POPOL, NICHETTE, LE BALLON ROUGE	Anna.
LAJOIE	Chedivy.				
UN GÊNEUR, CASCADET, ELECTRO-MAGNETICO	Denizot.	LA MÈRE TROPICAL, L'AIEULE MACHINSKA, PEAU D'ANE, LA PEINTURE	Minne.	LA SEINE, EUPHRASIE, LE PARACHUTE, LE SIMILOR	Berthe.
LOULOU, LOQUART, UN OURS	Edward.				
UN JOUEUR D'ORGUE, BLANQUIN	Philippon.	RORINEAU, LA LAMPE MERVEILLEUSE, LA PHOTOGRAPHIE	Louisa.	TOTO, LA POUDRE INSECTICIDE, ALDEGONDE, LE CARTON-PIERRE	Antonia.
ALI-MUSTAPHA	Verdier.				
ANATOLE	Duparc.		R. Bruyère.	CHARLOT, LE ZINC	Henriette.
LA FÉE DU ROSE, AMPHI		UNE NOURRICE, FLORESKA	Stivalet.	GNANGNAN, UNE DAME, FOU-YOU	Georgette.

ACTE PREMIER

Premier tableau

Une cour de gymnase. Bâtiments à droite et à gauche. Au fond, le gymnase avec tous les instruments et agrès nécessaires aux exercices.

SCÈNE PREMIÈRE

MILON DE CRETONNE, GUGUSSE, TOTO, BIBI, GNANGNAN, LOULOU, CHARLOT, POPOL.

(Au lever du rideau, les élèves courent en exécutant la danse pyrrhique.)

MILON. Une, deux! une, deux! de la souplesse et de la grâce donc! Faites comme moi. Tenez : voilà qui est gracieux. Haut la patte! Une, deux! très-bien!... Halte!...

Front!... Déployez le bras droit. Hé bien! monsieur Gugusse!...

GUGUSSE, montrant Popol. Monsieur, c'est le petit nouveau qui me fourre son doigt dans l'œil.

MILON. C'est bien fait. Si votre œil avait été à quinze pas devant vous, ça ne serait pas arrivé! Fixe! rompez les rangs... Bras et jambes à volonté. Haut la patte, marche!...

TOUS. Ah!

GNANGNAN, à Bibi. Veux-tu pas me pousser, grande bête!

BIBI. Pourquoi que tu ne marches pas quand on dit : Marche! Il a des jambes en beurre.

MILON. Un instant! Approchez monsieur Popol.

POPOL. Voilà, monsieur.

MILON, le mesurant avec un mètre. Ne bougez pas. Vous avez crû d'un millimètre pendant la leçon.

POPOL. C'est donc ça, que mon pantalon me paraissait raccourci.

MILON. C'est à moi. Quel âge avez-vous?

POPOL. Quinze ans.

MILON. Déjà! et vous ne rougissez pas d'être si petit! Regardez-moi vos camarades; le plus âgé a douze ans. Et comme c'est développé!

POPOL. Il y en a.

MILON. Et encore, vous n'avez pas vu notre chef-d'œuvre. Où est Cocodet?

LOULOU. Il est en retenue, monsieur.

BIBI. Il a trouvé, au réfectoire, qu'il n'y avait pas assez de saindoux dans les haricots.

CHARLOT. Vous lui avez flanqué une heure de piquet le bras en l'air, avec un poids de cinquante livres à chaque main.

MILON. Je lève la punition. Appelez-le!

TOUS.

ENSEMBLE

AIR :

Cocodet, Cocodet!
On met fin à ta peine;
Montre-toi, s'il te plait!
Laisse-là ce qui te gêne!
Cocodet, Cocodet, Cocodet!

SCÈNE II

Les Mêmes, COCODET.

COCODET, *paraissant; il porte un poids de cinquante à chaque main.*

Même Air.

Me voici, me voici !
En élève docile,
On ne peut donc pas, ici,
Faire ses pensums tranquille !
Me voici, me voici !
Qu'est-ce qu'on m'veut? Me voici !

MILON. Approchez et répondez ! vous vous appelez?...
COCODET. Cocodet de Quincampoëc, gentilhomme breton.
POPOL. Tiens ! pourquoi donc qu'il a deux noms ?
TOTO. On dit bien les cerises de Montmorency.
GUGUSSE. Et les huîtres de Cancale.
COCODET, *le menaçant*. Je te repigerai, toi ! tu sais.
MILON. Silence! votre âge?
COCODET. J'aurai treize ans dans treize mois.
POPOL. Mâtin ! il est bien venu. A-t-il de la chance, ce crapaud-là !
MILON. Tâchez d'imiter ce bel exemple. Allez maintenant, vous êtes en récréation. Soyez sages !

Air : *Valse de Giselle.*

La gymnastique, oui, vous pouvez m'en croire,
Ça peut à tout vous mener tôt ou tard ;
Vous pouvez tous aspirer à la gloire
Du fort Arpin ou du grand Léotard !

REPRISE ENSEMBLE.

La gymnastique, oui, { nous pouvons l'en / vous pouvez m'en } croire,
Ça peut à tout { nous / vous } mener tôt ou tard,
Ça { nous / vous } permet d'aspirer à la gloire
Du fort Arpin ou du grand Léotard !

(Milon sort.)

SCÈNE III

Les Mêmes, moins MILON.

POPOL. Le voilà parti ! Qui est-ce qui veut jouer aux billes ?
GUGUSSE, *riant*. Aux billes ! ah ! ce mouflet !
CHARLOT. La saison en est passée, mon petit bonhomme !
POPOL. Aux barres, alors !
TOTO. Est-ce que nous jouons à ça ?
GNANGNAN. C'est trop fatigant.
LOULOU. Et c'est bon pour les moutards.
POPOL. Eh bien ! qu'est-ce que vous êtes donc ?
COCODET. Nous ? Tiens ! j'aime mieux m'en aller ! Je vais penser à mes amours !
TOTO. Nous ?
                                            (Il va au fond.)

Air :

Nous sommes
Des hommes.
Grâce au progrès de notre temps,
Nous sommes ;
Des hommes ;
N'y a plus d'enfants.

POPOL.
Plus d'enfants, mais ça m'inquiète ;
A six ans déjà ça s'répète,
Au maillot bientôt on l'dira,
Et je crois qu'à forc' de dir' ça,
Le monde finira.

TOUS.
Nous sommes, etc.

TOTO.
C'n'est pas à nous qu'on ferait croire
Que Barbe-Bleue est de l'histoire ;
Qu'on peut être heureux sans le sou,
Et que mon petit frèr' Loulou
Fut trouvé sous un chou.

TOUS.
Nous sommes, etc.

CHARLOT.
Ce n'est pas à nous qu'il faut dire
Que l'amour qui geint et soupire
Peut plaire aux dames... Ho ! là ! là !
Nous en avons fini, oui-dà,
Avec cet amour-là !

TOUS.
Nous sommes, etc.

GUGUSSE.
C'est nous qu'on entend, d'un air grave,
Lorgnant une beauté suave,
Dans les bals, où nous n'dansons plus,
Dire : En fait d'attraits et d'vertus,
Qu'est-ce qu'elle a d'écus ?

TOUS.
Nous sommes, etc.

COCODET.
C'est nous qu'on voit dans les théâtres,
Prenant tout haut des airs folâtres,
L'œil droit caché sous un lorgnon,
Dir' : Tiens ! c'est la p'tit' chose '—Ah ! bon !
...... Tu sais bien, Tais-toi donc !

TOUS.
Nous sommes, etc.

POPOL. Alors, vous ne jouez jamais ?
LOULOU. Nous ne faisons que ça ! (*Tirant un jeu de cartes de sa poche*) Un petit lansquenet, messieurs, à qui la main ?
TOUS. Oui, un petit lansqu...
GUGUSSE. En es-tu, Cocodet ?
COCODET. Jamais ! j'ai juré de ne plus jouer...
TOTO. A ton aise !
BIBI. Il y a deux boutons de gilet.
GUGUSSE. Je fais banco.
POPOL. Je fais le reste !
BIBI. Puisqu'on a fait banco... Je pars !..
GNANGNAN. Attendez, je fais quelque chose..
BIBI. Là... Gagné ! Qui est-ce qui fait les quatre boutons ?
POPOL. Je les fais, moi !
GNANGNAN. Attendez, je vais faire quelque chose.
BIBI. Va te promener !
COCODET. Non, je ne jouerai plus... Combien y a-t-il ? Oh ! je les tiens tard, celui-là ne s'est jamais vu, ça... depuis trente ans.
BIBI. Tu fais les quatre boutons ?...
COCODET. Oui... (*Avec résolution*) Non !... je n'aurais qu'à tricher malgré moi !... Les gendarmes s'en mêleraient. Qu'est-ce que dirait l'enfant que j'aurai peut-être ?... Ç'a y est ! je ne jouerai plus... qu'au baccarat.

SCÈNE IV

Les Mêmes, MILON.

MILON. On demande l'élève Cocodet.
COCODET. Si ce n'est pas un créancier, je suis visible !
MILON, *à la cantonnade*. Venez, mon brave homme. (*Aux élèves*.) Et vous, messieurs, suivez-moi !

CHOEUR.

Partons au pas gymnastique ;
Il faut, même en s'amusant,
Se livrer à la pratique   } (*Bis.*)
D'un exercice charmant.

(Tous sortent au pas gymnastique.)

SCÈNE V

COCODET, JOSON.

JOSON. M. Cocodet, s'il vous plaît?
COCODET. Tiens ! mon parrain !
JOSON. Comment ! c'est-il bien possible que ça soit toi, notre jeune homme ? je t'aurais pas reconnu, tant te v'là grand ! Faut pas mentir.
COCODET. Eh bien ! c'est moi. Qu'est-ce que vous venez faire ici, parrain ?
JOSON. Ah ! voilà !

Air *des Filles de Parthenay.*

J'étais tout paisible chez nous,
Quand ta mère vint m'en dire :
Joson, je m'ennuie après mon gars.
Moi, je dis : Je m'en vas vous l'quérir...
Je n'mens pas.
Eh ! lon lon la, landirette,
Eh ! lon lon la, landerira !
Après qu'un bout d'temps j'eus roulé
Dans une grande boîte, comme
Si que le tonnerr' m'emportait,
On m'a dit : Nous y sommes !
Je n'mens pas.
Eh ! lon lon la, etc.

Enfin me v'là dans la grand' ville ;
Mais je ne m'y plais guères :
On n'y voit pas assez de blé noir,
On y voit trop de pierres.
Je n'mens pas.
Eh ! lon lon la, etc.

On y voit des grand' rob' qui marchent !
Et qui vous font en face
Des yeux si drôl', que l'on croirait
Que c'est le diable qui passe...
Je n'mens pas.
Eh ! lon lon la, etc.

COCODET, *riant*. Pauvre parrain !
JOSON. Aussi, allons-nous-en bien vite. Attends seulement que je te regarde encore un peu. Es-tu beau ! Quand le recteur de là-bas m'a conseillé de l'envoyer à Paris faire tes exercices, comme il disait, j'ai joliment bien fait de te mettre ici. Mais qu'est-ce qu'on apprend donc dans ton gymnase, pour que tu aies profité comme ça ?
COCODET. On apprend à devenir un homme fort.
JOSON. Et avec ça ?
COCODET. Il y a aussi des leçons d'agrément.
JOSON. Oh, oui ! pour le piano ?
COCODET. Vous appelez ça un art d'agrément, vous ? Merci !...

JOSON. Quoi donc, alors?
COCODET. Voici l'heure où les professeurs viennent, vous allez voir. Tenez! en voici un.

SCÈNE VI

Les Mêmes, LE PETIT JOURNAL.

LE PETIT JOURNAL.

Air : *Le petit Bordeaux.*

Petit journal que l'on achète
Pour cinq centimes, pour un sou,
Je vous conseille cette emplette;
Pour un peu vous aurez beaucoup.
Pour que ma bourse soit plus pleine,
   La fariradondaine!
Sans que la vôtre aille plus mal,
Lisez le petit journal.

Lisez le petit jour, jour, jour, jour,
   La fariradondaine!
Lisez le petit jour, jour, jour, jour,
Lisez le petit journal.

Je prétends, et sans subterfuge,
M'adjugeant un rôle plus beau,
Être sérieux comme un juge,
Utile comme un pot à l'eau.
Je veux que le monde devienne,
   La fariradondaine!
Plus vertueux et plus moral,
Grâces au petit journal.

Grâces au petit jour, jour, jour, jour, etc.

Tout ça, c'est une balançoire
Pour m'attirer un bon accueil;
C'est drôle, vous pouvez m'en croire,
Au fond, comme je m'en bats l'œil.
Jetez-moi le sou vous gêne,
   La fariradondaine!
Et si tout le reste est égal,
C'est bien au petit journal,

C'est bien au petit jour, jour, jour, jour, etc.

JOSON. En v'là un drôle de professeur, et j' ne mens pas. Qu'est-ce qu'il enseigne, au vrai? La géographie?
LE PETIT JOURNAL. A quoi bon?... Avec les chemins de fer, on n'a pas besoin de savoir par où l'on passe.
COCODET. C'est tout au plus si l'on a besoin de savoir où l'on va.
JOSON. C'est donc l'histoire ancienne?
LE PETIT JOURNAL. Pourquoi faire?
COCODET. J'aime mieux savoir le cours du Crédit foncier.
LE PETIT JOURNAL. Et je le donne... Là! à l'article Sciences!
JOSON. Et avec ça?
LE PETIT JOURNAL. Je tiens l'univers au courant de tout ce qui se fait, de tout ce qui se dit. Je me plais surtout, car je suis sérieux et utile, à relater les beaux traits qui honorent l'humanité.
COCODET. Exemple... Je prends au hasard. Un gros chien, insulté par un roquet, le prend par la peau du cou et le jette à l'eau. Il le regarde patauger; puis, s'apercevant qu'il ne sait pas nager, il se précipite à son secours.
LE PETIT JOURNAL. Autre, pris au hasard. C'est l'histoire d'un chien, qui chippait un petit pain tous les jours pour le porter à une chienne en couches.
COCODET. Toujours au hasard. Un homme...
JOSON. Ah! enfin!...
COCODET. Un homme avait invité à dîner un de ses débiteurs qui voulait le payer. Au dessert, les deux convives s'absentèrent pour des raisons à eux connues, laissant sur la table les billets de mille entre une croûte de pâté et une boîte d'allumettes. Le chien de la maison...
JOSON. Ah! encore!...
COCODET. Le chien de la maison tira la nappe, les allumettes prirent feu, les billets de banque brûlèrent...
JOSON. Je ne vois pas le beau trait...
COCODET. Attendez donc! On a su plus tard que les billets étaient faux.
LE PETIT JOURNAL. Hein! qu'en dites-vous?

JOSON.

Air :

J'en dis, ma foi! que je m'étonne
Que ces nobles exemples, c'est
A tout coup un chien qui les donne.

LE PETIT JOURNAL.

A qui la faute, s'il vous plaît?... *(Bis.)*
Pour rendre mes pages complètes,
Il faut bien raconter, hélas!
Les belles actions des bêtes,
Puisque les hommes n'en font pas! *(Bis.)*

Ce qui ne m'empêche pas d'être...
JOSON. Très-drôle!
LE PETIT JOURNAL. Drôle! moi qui accomplis une sainte mission... moi!...

Air :

Très-sérieux, monsieur, et très-utile!...
J'y tiens!

COCODET.

Au fait, on peut en convenir.
Vous affichez qu'on vous tire à cent mille...
Tant de papier, vraiment, ça doit servir...
Vos directeurs, vos rédacteurs en vivent,
Et très-bien même.

JOSON.

Il est donc, je comprend,
Très-sérieux... pour les gens qui l'écrivent, } *Bis.*
Et très-utile... à celui qui le vend!

LE PETIT JOURNAL. Ah! vous m'ennuyez! Il n'y a pas de plaisir avec vous! je vais exercer mon sacerdoce ailleurs.

REPRISE DU CHŒUR

Lisez le petit jour, jour, etc.

(Le Petit Journal sort.)

SCÈNE VII

COCODET, JOSON, puis ROBINEAU.

JOSON. Ah bien! c'est une éducation un peu farce, faut pas mentir. Chez nous on bercerait les enfants avec ça.
COCODET. Si vous voulez quelque chose de plus grave, voilà votre affaire. M. Robineau, professeur de spectromanie.
JOSON. De... de quoi?
ROBINEAU. De spectromanie, monsieur!
JOSON. Quoi que c'est?.. ça va-t-il sur l'eau?
ROBINEAU. C'est l'art de faire apparaître à volonté des spectres vivants et impalpables.
JOSON. Des fantômes? j'aime pas ça!
COCODET. Oh! n'ayez pas peur. On ne montre que des esprits gentils et gracieux.
ROBINEAU. Vous êtes difficile, mon brave homme.

Air *des Belles de Nuit.*

C'est pour tous, pauvres et riches,
Un spectacle plein d'attraits,
Et partout sur les affiches
Ça fait mettre : Grand succès!
Spectres dans *Miss Aurore*,
   Aux Délassements,
   Chez Déjazet encore,
   Aux cafés chantants.
Voir de beaux esprits dans la glace,
Ça fait courir les curieux ;
Beaucoup, dans la foule qui passe,
Ne pourraient pas voir ça chez eux.
Aussi chacun, en sortant,
Dit : Quel spectacle étonnant!
   Surprenant,
   Étourdissant!
   Vrai! c'est épatant!

REPRISE ENSEMBLE

JOSON. Il y a tant de badauds !
COCODET. Oh ! il exagère un peu. Il ne faut pas croire tout ce que disent les affiches.

Air *de la Robe et les Bottes.*

A ces succès, le public qu'on attire
A marchandé ses admirations;
Certain oubli fit, il faut bien le dire,
Tort au succès des apparitions.
En fait d'esprit, dans ces piéc's somnifères,
Ce qu'on aurait pu montrer de meilleur,
Et qu'pourtant on n'y montrait guères,
C'eût été l'esprit de l'auteur.
Par malheur, on n's'occupait guères } *(Bis.)*
D'y montrer l'esprit de l'auteur.

ROBINEAU. Bah! qu'est-ce que ça fait? pourvu qu'on voie des spectres... Que vous montrerai-je aujourd'hui de vivant et d'impalpable?.. (à Joson) Voulez-vous voir madame votre épouse?
JOSON. Vivante!.. merci?
ROBINEAU. Voulez-vous voir votre propre fantôme?
COCODET. Et j'ne saurais. J'n'ai pas apporté mon acte de décès.
COCODET. Il y a quelque chose que je voudrais voir, moi ; c'est la femme que j'aimerai et qui fera mon bonheur.
ROBINEAU. Rien de plus facile. Regardez !
(Il fait un signe. Une dame paraît dans un cercle lumineux qui s'ouvre au fond du théâtre.)
COCODET Oh! qu'elle est belle !
ROBINEAU. Et vous dites qu'elle est vivante, là-bas ?
ROBINEAU. Oui.
COCODET. Et impalpable ?
ROBINEAU. Certainement.
COCODET. Tant pis !

Air *de l'Apothicaire.*

Mes yeux en sont émerveillés.
Regarde-moi, charmante brune;
Tu me verras mettre à tes pieds
Mon cœur, ma vie et ma fortune.

(La dame fait un signe d'approbation.)

JOSON. Ne t'échauffe pas, mon gars.

COCODET.

Suite de l'air.

Oui, ses appas m'ont rendu fou !
Je sens qu'à jamais je l'adore ;
Et quand viendra mon dernier sou,...

(La dame lui fait un pied-de-nez et disparaît.)

JOSON. Eh bien ! où va-t-elle ?
COCODET. Elle s'évanouit de plaisir.

ROBINEAU. Eh! non! vous lui parlez de votre dernier sou; elle vous lâche!

COCODET. Mais je n'avais pas fini, je voulais dire...

Suite de l'air.

Et quand viendra mon dernier sou... }
Pir je veux l'adorer encore.   } *(Bis.)*

ROBINEAU. Vous avez trop lambiné.

JOSON. Ce qui est cause de ça, c'est le point d'orgue.

SCÈNE VIII

LES MÊMES, NÉFENDU.

NÉFENDU. Point d'orgue! c'est vous qui dites : Point d'orgue ?.. regardez-moi ça !
(Il montre un petit tuyau de métal.)

JOSON. Quoi! ça?

NÉFENDU. Ça! c'est un morceau de l'orgue qui a servi à célébrer les noces d'Antoine et de Cléopâtre. Vous avez l'air d'en douter?

JOSON. Moi! pas du tout! qué que ça me fait? Mais quoi qu'il me veut, cet homme-là?

COCODET. C'est monsieur Néfendu, professeur de farfouillogie.

NÉFENDU. Ou l'art de fouiller la terre et de s'en faire des rentes.

JOSON. Qué que vous cherchez donc ?.. des truffes ?

COCODET. Oh! pour qui le prenez-vous ?.. il cherche des antiquités.

NÉFENDU. Qui m'aident à reconstruire tout ce qui n'a jamais existé. Malheureusement, les ignorants sont durs à la détente, et nous avons bien du mal, nous autres savants.

AIR : *Antiquaire savant.*

Car la science, hélas !
Qui ne nous gâte pas,
Abonde en trahisons,
Mécomptes et déceptions.
Connaissez-vous la découverte faite,
Ces temps derniers, près de Moulin-Quignon?
Nous avions là trouvé certain squelette,
Lequel, pour nous, certes, en disait long.
Ce squelette d'amour
Le prouvait sans retour :
L'homme existait là-bas
Quand la terre n'existait pas.
Mais, par malheur, un butor, ô disgrâce !
Vint déclarer que, son singe étant mort,
Il l'avait mis en terre à cette place,
Tout juste, exprès pour nous faire du tort.
Refouillant de nouveau,
Nous trouvâmes sous l'eau
Un village prouvant
Que jadis l'homme était hareng.
Autre ignorant, qui prétendit, le traître !
Que des castors avaient là leur grenier.
On le crut, vu qu'il devait s'y connaître
En castors : car c'était un chapelier.
Nous piochons encor... Bon !
C'est une inscription.
Caractères en coins,
Dûment séparés par des points.
Nous discutions sur ces nouveaux arcanes,
Quand un enfant qui passait épela
Tout droit : Cé, ache, é, che, chemin des ânes,
Il nous fallut, hélas ! passer par là !
Un des nôtres trouvait
Un jour certain objet,
Et s'écrivit tout fier :
Les myopes ne sont pas d'hier,
Le fait est clair, les preuves sont complètes !...
Quand tout à coup, se penchant pour mieux voir,

Il s'aperçut que c'étaient ses lunettes,
Qu'en piochant il avait laissé choir.
Car la science, hélas ! etc.

REPRISE ENSEMBLE

JOSON. Si c'est comme ça, vous feriez aussi bien de vous croiser les bras et de regarder en dedans.

COCODET. C'est là qu'il ne trouverait rien.

NÉFENDU. Oh ! je ne renonce pas... (à Robineau.) Puisque vous êtes là, mon cher confrère, vous allez m'aider à faire briller la vérité : je vous montrerai mes trouvailles, et vous ferez apparaître les êtres ou les choses à qui elles ont appartenu.

ROBINEAU. Ça va !

JOSON. Pauvre homme ! il va se tromper !

COCODET. Lui ! jamais !

NÉFENDU. Tenez ! contemplez-moi ça.

COCODET. C'est un bout de soufflet !

NÉFENDU. Trouvé au-dessous d'un hôtel garni, dans les fouilles de la Villette, où j'ai tout lieu de croire qu'était jadis la forge de Saint-Éloi...

COCODET. Alors ce serait l'outil avec lequel son fils Oculi...

ROBINEAU. Nous allons voir.

(Évocation.)

SCÈNE IX

LES MÊMES, LA POUDRE INSECTICIDE.

LA POUDRE. Qu'est-ce qu'il y a pour votre service ? Où faut-il souffler ? Pfff ! pfff !

COCODET. Bon ! il a mis dans le blanc avec sa forge. Je la connais, cette souffleuse.

JOSON. Ah ben ! pas moi, j' ne mens pas.

LA POUDRE. Vous n'avez donc pas chez vous de ces bêtes féroces qui infestent les bois ?..

COCODET. De lit.

JOSON. Si bien ! mais il y a en a un qui a dit qu'il faut que tout le monde vive.

LA POUDRE. Ce n'est pas mon avis ; je détruis tous les insectes malfaisants, et on est bien souvent fâché que je ne sois pas là.

Air du Bal du Sauvage.

Des teignes et des mites
Fléau prédestiné,
Je livre aux parasites
Un combat acharné.
Qu'un pique-assiette avide
Arrive vers le soir...
O poudre insecticide !
Qu'on serait content de m'avoir !

TOUS.

O poudre insecticide !
Qu'on serait content de t'avoir !

ROBINEAU.

Quand on aime sa femme
Et qu'un voleur de cœurs
Tourne autour de la dame
En quêtant ses faveurs ;
Quand c' papillon perfide
Voltig' dans son boudoir,
O poudre insecticide !   }
Qu'on serait content de t'avoir ! } *(Bis en chœur.)*

JOSON.

Je sais un' pauvre femme,
Épous', pour son malheur,
D'un ivrogne sans âme,
Dépensier, tapageur.

Quand ce frelon stupide
Pill' son pauvre tiroir,
O poudre insecticide !   }
Qu'on serait content de l'avoir ! } *(Bis en chœur.)*

COCODET.

Aux genoux d'une belle
J'espérais, quand soudain
L'enfant, sans qu'on l'appelle,
Arrive et fait son train.
Grâce au mouch'ron candide,
S'envole mon espoir...
O poudre insecticide !   }
Qu'on serait content de t'avoir ! } *(Bis en chœur.)*

ROBINEAU, à Néfendu qui se gratte le front. Hé bien ! et vous, confrère ?

JOSON. Quand vous resterez là, à vous gratter ?

LA POUDRE, s'avançant. Faut-il ?...

NÉFENDU, furieux. Faites-la partir, où je me suicide avec son propre soufflet ! Gêneuse !

LA POUDRE. Oh ! je m'en vais.

CHŒUR

AIR :

Qu'elle s'empresse de partir,
Et se garde de revenir.
On a l' droit de la rabrouer ;
Car souffler, ce n'est pas jouer.

LA POUDRE.

Oui, je m'empresse de partir,
Sans promettre de revenir.
On a tort de me rabrouer,
Bien qu' souffler ne soit pas jouer.

(La Poudre sort.)

SCÈNE X

LES MÊMES, moins LA POUDRE.

JOSON. Ça n'a pas réussi, papa.

COCODET. Bah ! on annonce un soufflet ; on en reçoit un... Un soufflet en vaut un autre.

NÉFENDU. Merci ! pour votre peine, je vais vous montrer autre chose.

JOSON. Tiens ! c'est une lampe.

NÉFENDU. Ça vient du sous-sol de feu l' boulevard du Temple, et ça a dû éclairer les fils de Clovis, qui étaient mineurs, quand leur père est mort.

ROBINEAU. On peut s'en assurer.

(Évocation.)

SCÈNE XI

LES MÊMES, ROSE-DE-MAI.

ROSE-DE-MAI. Hé bien ! après ? Il y a d l'ouvrage ?

COCODET. Pas encore, on vous fera prévenir.

NÉFENDU. Jamais ça n'a été un fils de Clovis, ça !

ROSE-DE-MAI. Jamais ! Rose-de-Mai, premier égoutier chez Léonard, du boulevard du Temple. Une crâne brigade, et qui a d bec... Vous allez voir.

AIR des *Égoutiers*. *(Léonard.)*

Là-bas, au boulevard du Temple,
Dans un drame des plus moraux,

C'était nous qui donnions l'exemple
Des vertus aux godelureaux.
Si l'on en croit ce drame austère,
Où le beau rôle était à nous,
Tous les gredins sont sur la terre,
Et tous les honnêtes gens dessous.

Zingue, zingue, zingue, zingue!
Les égoutiers sont bons enfants,
Zingue, zingue, zingue, zingue!
Ils sont gentils, ils sont charmants;
Et pour plaire, on ne se dégote
Le régiment de la gross' botte.
     Crac, cric, crac!

Et faites-moi chorus, ou je vous embrasse.

JOSON. Non, non!

REPRISE ENSEMBLE

Zingue, zingue, etc.

ROSE-DE-MAI. Ça vous va-t-il? Ça ne vous blesse-t-il pas? Alors ça y est. Embrassons-nous!

JOSON. Non, ça n'y est pas!

ROSE-DE-MAI. Tant pis pour vous, si je ne vous plais pas! J'ai plu à d'autres. J'ai chanté zingue zingue cent cinquante fois de suite, moi qui vous parle, et je le chanterais encore, si on n'avait pas jeté mon établissement par terre.

COCODET. Oui, mais on connaît votre truc... avec des billets à droits.

ROSE-DE-MAI. Qui n'étaient pas maladroits.

COCODET.

AIR : *Je loge au quatrième étage.*

C'est tout d' même un drôl' de système.
Faire payer aux arrivants,
Au lieu de la place elle-même,
Vingt sous ce qui coûte trois francs. (*Bis.*)
On n' comprend pas comment ça s' passe,
Bien que le fait soit attesté;
On perd quelqu' chos' sur chaque place, } *Bis en*
On s' rattrap' sur la quantité. } *chœur*

NÉFENDU.

Moi, cela n'a rien qui m'étonne;
Car je connais certain marchand
Qui, tous les ans, quand vient l'automne,
Dépos' tranquill'ment son bilan. (*Bis.*)
Voilà dix fois que l'on affiche
Sa ruine par la cité;
Pourtant il n'en est que plus riche: } (*Bis en*
Il s' rattrap' sur la quantité. } *chœur.*)

ROSE-DE-MAI.

Moi, j'suis un exempl' de la chose:
D'un litr' quand j'm'offre l'agrément,
A mesure que je m'arrose,
Je nage dans l'or et l'argent. (*Bis.*)
Mon gousset s' vide à chaque verre;
Mais, par l'ivresse transporté,
Je m'vois d' plus en plus millionnaire } *Bis en*
Je m' rattrap' sur la quantité. } *chœur.*

ROSE-DE-MAI. Enfin! je ne vous plais pas; je ne vous en veux pas pour ça. Embrassons-nous, et n'en parlons plus.

JOSON. Inutile!

CHOEUR

Zingue, zingue, etc.

(Rose-de-Mai sort.)

SCÈNE XII

COCODET, JOSON, ROBINEAU, NÉFENDU.

ROBINEAU, à Néfendu. Voyons! ne vous désolez pas.

COCODET. Il n'y a pas de quoi.

NÉFENDU. Oh! mais, je vais prendre une éclatante revanche.

JOSON. Avec quoi?

NÉFENDU. Avec ce simple morceau de fer, trouvé dans les décombres qui ont été la rue de Buffault, et avec lequel j'ai rebâti tout un monde.

ROBINEAU. Pas possible!

NÉFENDU. Grâce à la force de l'induction, j'ai deviné que ce petit fragment de métal a dû servir à l'harnachement d'un animal de forme singulière, orné d'une double bosse, et qui habitait ces contrées au temps où ce n'était qu'un vaste désert.

ROBINEAU. Je serais curieux de le voir.

(Il fait son évocation.)

JOSON. Deux bosses? je parie pour un polichinelle.

SCÈNE XIII

LES MÊMES, MACHINSKA.

MACHINSKA. Présente! qu'est-ce qu'il faut vous servir? La redowa, la mazurka, le pas styrien, le pas hongrois, le pas O-ji-be-was?

NÉFENDU. Une sauteuse!

MACHINSKA. Machinska, messieurs! Première danseuse chez le célèbre Machinski.

NÉFENDU, regardant son morceau de fer d'un air piteux. La science n'est qu'un mot!

JOSON, à Machinska. C'est à vous, ce brimborion-là?

MACHINSKA. Ça? c'est un morceau de ma crinoline.

COCODET, riant. On pouvait se tromper de ça.

MACHINSKA. J'ai perdu le jour où la destruction s'est abattue sur nos magnifiques salons de la rue de Buffault.

JOSON. Et le célèbre... Choseki a vu son dernier jour!

COCODET. Comme Herculanum.

MACHINSKA. Ni plus ni moins. Ah! c'est un grand malheur; mais la pioche ne choisit pas ses victimes.

Air nouveau de M. Armand Roux.

Dans ces salons, où d'innocentes fêtes
Charmaient la foule, on admirait surtout
Simples atours et modestes toilettes,
Discours polis où régnait le bon goût.
L'Europe avec ivresse
A ces bals envoyait
La fleur de sa noblesse,
Et Babel renaissait.
Une foule choisie
Écoutait le français;
Et le cuir de Russie
Parlait au cuir Anglais.
Sous ces regards étrangers, la décence
Jusqu'aux détails étendait ses rigueurs.
Le pantalon autorisait la danse
A des écarts sans danger pour les mœurs.
Modeste asile,
Où l'on trouvait toujours
Gaîté tranquille,
Innocentes amours,
Que tes quadrilles,
Avec leurs pas discrets,
Aux simples filles
Offraient d'attraits.

Mais, c'est fini de tes splendeurs joyeuses,
O Machinski, notre doux magister!
Tes salons sont à bas, et tes danseuses,
La larme à l'œil, restent la jambe en l'air.

REPRISE ENSEMBLE

JOSON. Ça me fait de la peine, cette catastrophe; je n'aime pas voir des danseurs le pied en l'air.

MACHINSKA. Oh! ne vous désolez pas. Petit Bonhommski vit encore! Nous allons ouvrir de nouveaux salons encore plus magnifiques... Passage des Panoramas, au troisième, la porte à gauche. C'est facile à reconnaître, au pied de biche.

ROBINEAU. Savez-vous pourquoi la morale perdra à ce déménagement?

NÉFENDU. Attendez! Parce qu'on y formera des attachements de passage.

COCODET. Ah! il a trouvé juste, du coup!... Hein, parrain! est-ce instructif, tout ça?

JOSON. Oh! oui! mais je crois que tu en sais assez long. Il n'est que temps de t'emmener. J' ne mens pas.

COCODET. Allons-nous-en!

CHOEUR

AIR :

Partons en diligence:
Laissons cette maison.
Il a fini, je pense,
Son éducation.

(Robineau, Néfendu et Machinska sortent d'un côté; Joson et Cocodet vont sortir de l'autre. — Coup de tonnerre.)

SCÈNE XIV

COCODET, JOSON.

COCODET. Ah! attendez donc, parrain; vous n'avez pas vu le plus curieux... le professeur de mauvais-tempologie.

JOSON. Quoi que c'est encore?

COCODET. Le célèbre Mathieu Laensberg de la Drôme, celui qui enseigne à prédire la pluie, la grêle, le tonnerre, et toutes les catastrophes du même genre. On n'a jamais rien vu de si Drôme que ça.

(Tonnerre et éclairs.)

JOSON. Il va faire de l'orage.

COCODET. C'est lui qui s'annonce..... il vient.

SCÈNE XV

LES MÊMES, LA TEMPÊTE.

LA TEMPÊTE. Il ne viendra pas!

JOSON, rattrapant son chapeau. Oh! fait-il du vent, ici!

LA TEMPÊTE. Il est occupé à combiner un orage de première catégorie pour le mois prochain, et il m'envoie à sa place.

COCODET. Ce n'est pas une raison pour arriver comme un ouragan.

LA TEMPÊTE. Et comment voulez-vous que j'arrive? je suis la Tempête.

JOSON. La Tempête!

LA TEMPÊTE. Et si j'ai des manières un peu brutales, ce n'est pas ma faute.

Air : *V'là mon caractère.* (J. M. Chautagne.)

Le zéphyr dans le feuillage
Murmure tout doucement;
La brise aide le nuage
A voguer au firmament.
L'orage même menace...
Plus qu'il ne frappe souvent.
Une goutte d'eau le chasse } (*Bis.*)
Petit' pluie abat grand vent.
Mais moi, j'accours en colère,

Et je flanque tout par terre.
　　V'là mon caractère! (*Bis.*)

Hommes qui me faites rire,
Semez, plantez, bâtissez!
Dressez les mâts du navire
Et les clochers élancés!
Par les poteaux électriques,
Supprimez espace et temps.
Dans vos œuvres magnifiques, } (*Bis.*)
Mirez-vous fiers et contents.
Soudain j'accours en colère,
Et je flanque tout par terre.
　　V'là mon caractère! (*Bis.*)

COCODET. Je vous conseille de vous en vanter!

JOSON. Vous avez fait de bel ouvrage, le premier décembre, à Cherbourg.

LA TEMPÊTE. Ah! l'embarcation de la Couronne. On me l'a bien reproché déjà.

JOSON. Et on a eu raison.

LA TEMPÊTE. On a eu tort. Je vous ai montré un grand spectacle, et qui ne se voit pas tous les jours.

　　AIR : *T'en souviens-tu?*

Cherbourg vit là de belles funérailles.
Pour secourir des frères inconnus,
Ils sont allés comme on marche aux batailles.
Ils étaient trente, et deux sont revenus !
Si le soldat qui tue, et qui succombe,
Conquiert des droits à l'immortalité,
De quels lauriers couvrirez-vous la tombe
De ces héros morts pour l'humanité ? } *Bis.*
Tous à vingt ans morts pour l'humanité !

JOSON. C'est égal, je les regrette, moi, et je regrette aussi le toit de ma maison, que vous avez enlevé en passant.

LA TEMPÊTE, *riant.* Oui, c'est une de mes manies.

COCODET. Je parie que c'est pour voir ce qu'il y a dessous. Est-ce aussi un beau spectacle, ça ?

LA TEMPÊTE. Pas trop. Le jour, c'est assez varié; mais la nuit... peuh!

COCODET. C'est monotone?

LA TEMPÊTE. Savez-vous ce que disait le grand Frédéric?

JOSON. Je ne l'ai jamais connu.

COCODET. Il y en a un petit ici, qui s'appelle comme ça.

LA TEMPÊTE. Ce n'est pas lui. Je vous parle du roi de Prusse.

JOSON. Je sais alors; j'ai pioché quelquefois pour lui.

LA TEMPÊTE.

　　AIR : *Pourquoi donc rire des bossus?*
　　　　(J. M. Chautagne.)

Ce grand monarque, avec astuce,
Disait un soir de mauvais temps :
Voilà qui promet à la Prusse
Quelques grenadiers... dans vingt ans.
Selon lui, la peur du tonnerre
Avait eu résultat prévu.
J'ai compris ce qu'elle peut faire, } (*Bis.*)
Quand j'ai vu ce que j'ai vu.
On comprend ce qu'elle peut faire,
Quand on a vu ce que j'ai vu.

Pourtant dans un riche ménage,
A part, j'entends l'époux ronfler.
Toute seule pendant l'orage,
La pauvre femme doit trembler.
Tiens! seule... pas trop !... la tempête
Ne l'a pas dépourvu...
Oh! chut! je serais indiscrète, } (*Bis.*)
Si je disais ce que j'ai vu.
Vraiment, je serais indiscrète,
Si je disais ce que j'ai vu,

COCODET. Bah! une tuile sur la tête de plus ou de moins... vous en faites tant tomber!

LA TEMPÊTE. Il faut bien rire. Mais ça ne doit pas me faire oublier qu'on m'attend sur les bords de la Baltique. L'astrologue a dit que j'y serais... Il faut que j'y sois. Gare que je passe!

　　　　(Tonnerre.)

ENSEMBLE

(*Reprise de l'air d'entrée.*)

Gare! place à ma colère!
Moi, je flanque tout par terre.
　　V'là mon caractère!

JOSON et COCODET.

Gare! gare, à sa colère!
Elle flanque tout par terre.
　　V'là son caractère!

JOSON. Oh! j'ai attrapé un coup d'air du coup! Je n'en veux plus; j'en ai assez de cet endroit-ci.

SCÈNE XVI

JOSON, COCODET, MILON, puis LAJOIE.

MILON. Un instant! Vous ne partirez pas sans avoir vu le plus beau produit de cette éducation athlétique et excentrique: l'homme fort par excellence.

JOSON. Ça s'appelle?...

MILON. Montjoye, dit Lajoie, ou le champion du boulevart Bonne-Nouvelle. Paraissez, fort des forts!

(Lajoie entre costumé en hercule, avec un canon sur l'épaule.)

LAJOIE. Voilà!

JOSON. Tiens! c'est un affût!...

COCODET. Puisqu'il porte une pièce!

JOSON. Il est bien établi, j' ne mens pas! Et ça se fait ici?

MILON. Pas ailleurs.

LAJOIE.

AIR :

Je suis un crâne, un fier-à-bras.
Quand on me dit : Dieu vous bénisse!
Je réponds : Qui ça? Connais pas!
Je blague tout, sauf la police.
Avec des sentiments qu'on a
Je jongle aisément, sans emphase.
Des hommes aussi forts que ça,
Ça n'se fabrique qu'au gymnase.

COCODET. Et il n'y a pas que lui de fort dans son endroit.

MÊME AIR.

On y voit un fort jeun' premier,
Une forte jeune première;
On y voit un sapeur pompier ;
On y voit même une rosière.
C'est surtout c' dernier objet-là,
Qui vous fait dire cette phrase :
Des choses si fortes que ça,
Ça ne peut se voir qu'au Gymnase.

JOSON. Si il fait des rosières, ça n'est pas de trop. C'est très-demandé par chez nous!

LAJOIE. Oh! j'en fais pour passer le temps, mais je méprise ça profondément... C'est du bleu!

MILON. Ah! voilà sa tocade ! Il n'aime pas le bleu, cet homme. Tout ce qui fait qu'on peut sentir un petit tic-tac là, ou se mouiller le coin de l'œil...

LAJOIE. Bleu!

JOSON. Ainsi un aveugle avec son caniche...

LAJOIE. Bleu!

COCODET. Un garde national qui passe...

LAJOIE. Bleu! Et je n'aime que le rose.

JOSON. Pourquoi?

LAJOIE. Parce que je connais une petite philosophie de cette nuance-là, qui m'a enseigné à me la passer douce.

COCODET. Pas de bile! Ça me va. Où demeure-t-elle?

LAJOIE. Partout! Et visible à toute heure!

(Changement.)

Deuxième tableau

Le pays du Rose.

SCÈNE PREMIÈRE

LES MÊMES, LA FÉE DU ROSE.

CHOEUR

AIR de *Lalla-Rouhk.*

C'est ici le pays du Rose :
C'est ici que parmi les fleurs,
Le bonheur tant cherché repose,
Et nargue les soucis trompeurs...

LA FÉE DU ROSE. Qui m'appelle, et pourquoi me dérange-t-on?...

MILON. C'est un jeune homme qui a besoin de conseils.

LA FÉE. Ça m'est égal!...

COCODET. On payera ce qu'il faudra.

LA FÉE. Tiens ! Il a bien dit ça. Il a des dispositions. Sais-tu qui je suis!

COCODET. A peu près!...

LA FÉE.

AIR : *Je suis la Cigale.* (Léonard.)

Je suis la sagesse
Qui chante et qui rit.
Par moi la jeunesse
Apprend comme on vit.
Du bonheur morose
Ce n'est plus le temps.
La sagesse rose
Dit : Vivez contents.

Dans mon royaume solitaire,
On marche sous de verts abris,
Où toutes les fleurs de la terre
Croissent, excepté les soucis.
Les chagrins n'entrent pas où règne
La morale de notre temps;
Car toute la loi que j'enseigne
Est dans ces mots : Vivez contents!

Je suis la sagesse, etc.

JOSON. Voilà un rose qui n'est pas tendre. Chez nous, être sage comme ça, ça s'appelle être égoïste.

LA FÉE. Ah! il faut ça quand on désire aller son petit bonhomme de chemin, sans craindre rien ni personne, une pièce de quatre sur l'épaule, et des pièces de cinq dans la poche.

COCODET. Comme monsieur...

LA FÉE. Surtout défie-toi du bleu. Il n'en faut pas.

JOSON. Mais quel bleu?...

COCODET. Dites-nous ça?...

LA FÉE. Le royaume du bleu, enfant, c'est un lac d'eau sucrée où l'on patauge dans la vase du sentiment, et dans les herbes de la morale. Les esprits faibles y glissent ; mais les forts, pas si bêtes! Demandez à Montjoye. Le bleu! mais c'est la couleur des contes de nourrice et du livre où l'on apprend à lire.

Air :

L'enthousiasme, avec ses nobles flammes,
Les purs instincts, les élans généreux,
L'amour du beau, qui fait les belles âmes..
Illusions, préjugés, contes bleus!

Laisse, homme fort, les faibles se débattre
Dans cet azur; toi qui ne crois à rien,
Crois seulement que deux et deux font quatre,
Et que la loi, c'est le tien et le mien.

Pas d'orgueil faux, pas de délicatesse!
Dis-toi qu'il faut que le code ait son dû.
Le droit est là, tout le reste est faiblesse;
Tout est permis qui n'est pas défendu.

Les faibles vont, empêtrés de scrupules,
Lourds de vertus, grimper au mât glissant,
Toi, laisse en bas ces boulets ridicules...
Au plus léger la timbale d'argent!

Les faibles croient que la vie est meilleure,
Lorsque l'on aime et lorsqu'on est aimé.
Aimer ! merci! c'est ce qui fait qu'on pleure.
Toi, reste seul, et tiens ton cœur fermé.

Les faibles vont, sans frayeur, avec joie,
Pour un seul cri qui fait battre leur cœur,
Pour un seul mot, pour un lambeau de soie,
Combattre aux champs où l'on meurt en vain-
[queur.

Laisse-les faire, et toi, cours à la Bourse!
Que leur danger te serve à t'enrichir.
La vie est courte, ami; c'est à la source
Qu'il faut puiser ce qu'elle a de plaisir.

Aime l'amour... tant qu'il aura des roses,
Et l'amitié... tant qu'elle sourira ;
Aime l'honneur... tant qu'il sera possible,
Aime l'argent, qui donne tout cela.

Par là-dessus, tiens-toi la tête vide,
Le cœur plein, le cœur froid, les pieds chauds;
Et tu pourras, en me prenant pour guide,
Vivre en liesse aux dépens des badauds.

REPRISE ENSEMBLE.

Par là-dessus, etc.

JOSON. Excusez ! en voilà une morale !
MILON. C'est la morale du Gymnase.
LA FÉE. C'est la morale du succès.
JOSON. Non! ça ne peut pas être vrai. Il n'y aurait pas de bon Dieu!
LA FÉE. Ah! dam! le canon crève quelquefois; mais qui ne risque rien n'a rien.
COCODET. Je risque le paquet! je veux en tâter.
LA FÉE. A la bonne heure!
JOSON. Veux-tu te taire! Ça tette encore, et...
COCODET. Moi! vous ne savez donc pas que j'ai deux passions dominantes : les femmes et les chevaux?
LA FÉE. Toi? Et qu'en feras-tu?...
COCODET. Je crèverai les uns, et je rosserai les autres!
JOSON. Ah ! à cet âge-là, ça parle comme...
LA FÉE. Comme un livre! Bravo! l'enfant. L'argent et le plaisir, voilà le gibier; toi, tu es le chasseur. Mets tes gros souliers, et en chasse!...

SCÈNE II

Les Mêmes, TOUS LES PERSONNAGES DE L'ACTE.

LA FÉE.

Air nouveau de J. M. Chautagne.

A travers les champs de violettes } (Bis
Et les ceps chargés de raisin, } en chœur.)
Foulant aux pieds fruits et fleurettes,
Allez tout droit votre chemin.
En chasse! en chasse! (Bis.)

CHŒUR

En chasse! en chasse! (Bis.)
Partez! ô chasseurs diligents ;
Suivez argent et plaisir à la trace.
Vous verrez tout ce qui se passe ;
C'est curieux, ça vous rendra savants.

LE PETIT JOURNAL.

Songez que les bonn' mœurs augmentent } Bis en
En voyant comme avec égard } chœur
On r'çoit les dam's qui se présentent
Tout' seules au concert Musard.
En chasse ! en chasse !

CHŒUR

NÉFENDU.

Pour vous changer en actionnaires } (Bis
On s'y prendra par tous les bouts. } en chœur.)
La race avide des Macaires
N'est pas éteint' : Méfiez-vous!
En chasse! en chasse!

CHŒUR

LA TEMPÊTE.

Soyez gentils avec les belles; } (Bis
Mais quand on dira : Mon loulou! } en chœur.)
J'ai vu de charmantes dentelles...
Surtout ne demandez jamais où ?
En chasse! en chasse!

CHŒUR

JOSON.

De bons conseils on nous inonde; } (Bis
Mais que veut dire tout ce mic-mac? } en chœur.)

COCODET.

C'est qu' les trois-quarts et d'mi du monde
De l'autr' moitié guignent le sac.
En chasse! en chasse!

CHŒUR

En chasse! en chasse!
Partez, ô chasseurs diligents, etc.

ACTE DEUXIÈME

Troisième tableau

Un bureau de factage.

SCÈNE PREMIÈRE

JOSON, COCODET.

(Joson est endormi sur un banc. Cocodet entre.— Joson est en facteur, Cocodet en buraliste.)

COCODET, appelant. Parrain ! Tiens ! où est-il donc ? (le voyant.) Ah ! (il lui frappe sur l'épaule.) Parrain !
JOSON, s'éveillant. Hein ? quoi ? un paquet à porter ? voilà !
COCODET. Non, c'est moi.
JOSON. Ah ! je disais aussi... Décidément, tu n'as pas eu là une fameuse idée, mon gars !
COCODET. Écoutez donc, parrain... On nous a dit : Il faut faire fortune. J'ai répondu : Ça y est !
JOSON. Et tu as monté cette entreprise du factage lutécien. Tu t'en es fait le patron...

COCODET. Naturellement.
JOSON. Et tu m'as élevé à la dignité de facteur en chef.
COCODET. Et sans partage.
JOSON. Je suis tout seul... J'ai consenti à ça.

COCODET.

Air :

Vous le deviez. A l'heure solennelle,
Qui d'un filleul vous a rendu l'espoir,
Vous avez fait la promesse formelle
De me servir de tout votre pouvoir.
Servez-moi donc, car c'est votre devoir.

JOSON.

Mais j'ai fourni les fonds...

COCODET.

C'est tout de même;
La chose encore est dans vos fonctions.
Car quel filleul voudrait à son baptême,
D'un parrain qui bouderait sur les fonds?
On ne doit pas lésiner sur les fonds.

JOSON. Encore s'il venait des clients ! Mais personne !
COCODET. Ça viendra! Avec de la patience, de la politesse, de la complaisance. Tenez, en voici un.

SCÈNE II

LES MÊMES, UN GÊNEUR.

LE GÊNEUR. Bonjour, messieurs. Avez-vous des balances ici ?
COCODET. Certainement.
LE GÊNEUR. J'ai là un petit paquet...
JOSON. A porter.
LE GÊNEUR. Comment ! à porter?.. Ah ! oui, on porte des paquets, ici. C'est commode. Comment ça se fait-il ?
COCODET. Oh ! tout simplement. Vous apportez votre paquet ici, au bureau, place de la Bastille, et nous le portons à son adresse.
LE GÊNEUR. Ainsi, moi qui demeure aux Champs-Élysées, je voudrais envoyer un bouquet place du Palais-Royal...
JOSON. Vous l'apporteriez ici, et le lendemain, il arriverait tout frais. Si monsieur veut me confier l'objet ?..
COCODET. Est-ce lourd ?
LE GÊNEUR. Pas assez, je le crains. Auriez-vous l'obligeance de le peser ?
(Il lui donne un cornet de papier.)
COCODET. Volontiers. (à part.) Il faut de la complaisance.
(Il sort.)
JOSON. C'est bien sûr quelque chose de précieux.
LE GÊNEUR. Oh ! mon Dieu ! non. Figurez-vous que j'entre chez un marchand de tabac...
JOSON. Ah !
LE GÊNEUR. Je demande quatre sous à fumer. La dame me tire de dessous son comptoir un paquet pesé d'avance. Je le refuse... elle m'appelle pignouf!.. J'ai honte ; je le prends.
COCODET, rentrant. Dix-sept grammes !
LE GÊNEUR. Au lieu de vingt! J'étais sûr que je n'avais pas mon poids.
JOSON. C'est atroce, faut pas mentir
LE GÊNEUR. Et dire que c'est en tout comme ça !
COCODET. Dans quel temps vivons-nous ?

LE GÊNEUR.

AIR : *Dans un harem.*

Gare au paquet tout fait !
C'est une attrape qu'on vous flanque !
Souvent le poids y manque ;
Le paquet tout fait vous refait.
Incontestés succès
De pièces ennuyeuses,
D'œuvres si sérieuses
Qu'on ne les lit jamais ;
Probité d'épicier,
Vertu de saint' nitouche,
Courage si farouche
Qu'on n'ose l'essayer...
Gare au paquet tout fait !
C'est une attrape qu'on vous flanque !
Souvent le poids y manque,
Le paquet tout fait vous refait.

JOSON.

Voyez sur le boul'vard
Cette beauté parfaite ;
Sa taille rondelette
Réjouit le regard.
Sous un diadème blond
Son front pur se dessine ;
Son ample crinoline
S'arrondit en ballon...
C'est un paquet tout fait !
Son embonpoint c'est une banque.
Souvent le poids y manque,
Et l'admirateur se refait.

COCODET.

Belle comme le jour,
Chez Bullier je l'ai vue.
Mon âme fut émue,
Et je connus l'amour.
J'ai, pour ce doux objet,
Mangé... tout ce qu'on mange.
L'affair' faite, en échange,
J'ai reçu mon paquet.
C'est un paquet tout fait !
Essayez ! jamais ça ne manque.
A la porte on vous flanque,
Et bien sot qui s'en fâcherait.

REPRISE ENSEMBLE

Gare au paquet tout fait, etc.

(Le Gêneur sort.)

SCÈNE III

JOSON, COCODET, puis UNE NOURRICE.

COCODET. Hé bien ! il s'en va. Monsieur ! monsieur !
JOSON. En v'là, une pratique !
COCODET. Il en viendra de meilleures.
LA NOURRICE. C'est-il ici qu'il y a des commissionnaires sous remise ?..
JOSON. Voilà ! où faut-il aller ?
LA NOURRICE. Faut vous dire qu'on m'a envoyée promener le poupon au jardin des Plantes. Mais moi, j'ai une petite course à faire du côté de la caserne du Prince Eugène.
COCODET. Compris ! Et la commission ?
LA NOURRICE. C'est quelque chose qu'il faudrait aller me déposer... bien doucement... sur un banc, en face des singes.
JOSON. Bon ! où est le colis ?...
LA NOURRICE. Le voilà.
(Joson tend les bras ; elle lui donne son enfant.)
JOSON. Ça ?..
LA NOURRICE. Je vous recommande les plus grands soins. S'il criait, vous savez ce qu'il faut faire.
COCODET. Bon !
JOSON. Merci !

AIR :

Pour les paquets qu'on me confie,
Mon zèle est bien connu, vraiment ;
Je leur ai consacré ma vie,
Mes jamb's, mes bras, mon dévoûment.
Pourtant ici, je me prononce, (*Bis*.)
Si je consens à les porter,
Les soigner, les dorloter,
Je déclare que j'y renonce, }
S'il faut leur donner à téter. } (*Bis*.)

LA NOURRICE. Comme ça, vous ne voulez pas ?
COCODET. Ah ! écoutez donc, ma bonne !
LA NOURRICE. En v'là une baraque de feignants, où on ne sait rien faire. Je m'adresserai ailleurs.

ENSEMBLE

AIR :

LA NOURRICE.

Je ne crois pas qu'on aime
De pareilles façons.
Je préfère moi-même
Fair' mes commissions.

COCODET et JOSON.

Je ne crois pas qu'on aime
De pareilles façons.
Elle peut elle-même
Fair' ses commissions.

(La nourrice sort.)

SCÈNE IV

COCODET, JOSON, LE THERMOMÈTRE.

LE THERMOMÈTRE, entré pendant l'ensemble. Ouf ! qu'il fait chaud !
JOSON, se retournant. Ah ! du monde !
COCODET, saluant. Monsieur !
LE THERMOMÈTRE. Hein ! fait-il chaud !
COCODET. Je ne dis pas.
LE THERMOMÈTRE. Est-ce désagréable, les années où il fait chaud comme ça !...
JOSON. Je conviens que dans nos états...
LE THERMOMÈTRE. Je vous conseille d'en parler. Si vous étiez comme moi... toujours monter !
COCODET. Ah ! monsieur est monteur ?
JOSON. En bronze...
COCODET. Ou de coups ?
LE THERMOMÈTRE. Je suis le Thermomètre, et dès qu'il fait chaud... à l'échelle !
JOSON. Et plus il fait chaud...
LE THERMOMÈTRE. Plus je grimpe.
JOSON. Hé bien ! vous redescendrez pendant l'hiver.
LE THERMOMÈTRE. Autre scie ! Ah ! l'on ne me ménage guère. Vraiment les saisons manquent d'équilibre.

AIR : *Dans l' pays des Jockos.* (Robillard.)

C'est bien mal entendu,
Et l'on aurait bien dû
Pas tant à la légère
Agir en cette affaire.
En hiver, je voudrais
Que l'on eût chaud, et frais
Pendant la canicule ..
Ça s'rait moins ridicule !
Ah ! ah ! ah ! tradéri dera,
C'est vraiment drôle comme on a
Ah ! ah ! tradéri dera,
Sans goût arrangé ça.

REPRISE ENSEMBLE

LE THERMOMÈTRE. Dans ce moment-ci, mon tyran ne s'est-il pas ingéré de me faire grimper jusqu'au haut des buttes Montmartre ? Heureusement, j'ai pensé à vous.
COCODET. Une commission ! Parfait...
LE THERMOMÈTRE. J'ai là quelque chose que je vous prierai de porter.
JOSON. Peut-on savoir ce que c'est ?...
LE THERMOMÈTRE. C'est une baignoire.
JOSON. Bigre !
LE THERMOMÈTRE. Une baignoire pleine d'eau.
JOSON. Bigre ! par trente degrés. Car vous marquez bien ça.
LE THERMOMÈTRE. N'ayez pas peur ; c'est de l'eau froide.
COCODET, à Joson. Vous marronnez toujours, vous.
JOSON. Et où faut-il trimballer ça ?
LE THERMOMÈTRE. Je vous le dirai. Je serai dedans.
JOSON. Dans quoi ?
COCODET. Dans la baignoire. Ça se comprend.
JOSON. Jamais ! rien que d'y penser, je suis en nage.
COCODET. C'est vrai que l'on cuit.
LE THERMOMÈTRE. Et je me sens monter. C'est ma patronne, la chaleur !

SCÈNE V

LES MÊMES, LA CHALEUR.

LA CHALEUR, entrant. Oui, c'est moi.

AIR de *Fanfare le Trompette.*

Chaud ! chaud ! chaud ! chaud ! je brûle et je dé-
On se disait : l'été n'a plus de feux... (vore,
Chaud ! chaud ! chaud ! chaud ! Pourtant j'existe
Vous m'appeliez, mortels ; soyez heureux ! (encore.
Au feu de mes ardents rayons,
L'or des épis est sorti des sillons,
Et sous mes baisers caressants,
La grappe lourde a mûri ses présents.
Si, grâce à moi, l'on a vu dans Paris
Des pavés blancs et des gazons jaunis,
J'ai fait partout éclore des radis,
Oui, des radis,
Et jusqu'à des spahis.
Les uns me maudissent ;
D'un autre côté,
D'autres me bénissent ;
Je l'ai mérité !
Par moi les théâtres
Furent compromis ;
Mais les bals folâtres
Se sont enrichis.
Le monde, en vérité,
Grâce à ce long été,
N'a jamais tant chanté,
N'a jamais tant sauté.

REPRISE ENSMBLE

Chaud ! chaud ! etc.

LA CHALEUR, au Thermomètre. Allons ! monte, toi, Centigrade.
LE THERMOMÈTRE. Oh ! grâce !
JOSON. Trente-cinq degrés ! je boirais bien un verre de coco.
COCODET. Quarante degrés ! je crois que, cette fois-ci, il dégèle pour de vrai.

LE THERMOMÈTRE.

AIR : *Ma mèr' m'a donné un mari.*

Il fait si chaud, il fait si chaud,
Qu'on en transpire,
C'est un martyre.

Vraiment, vous nous en flanquez trop.
Il fait trop chaud ! il fait trop chaud !

LA CHALEUR.

Comme on est donc drôle ici-bas !
En hiver, tous du froid se plaignent.
Que l'été chasse les frimas,
On n'entend que des voix qui geignent : (Bis.)
Il fait trop chaud !

TOUS.

Il fait si chaud ! etc.

LE THERMOMÈTRE.

En plein été, je m'en souviens,
J'ai vu l' *Domino*... ça s'avale.
Mais, lorsque je vois les *Troyens*,
Je baille, que ça fait scandale ! (Bis.)
Il fait si chaud !

TOUS.

Il fait si chaud ! etc.

JOSON.

A Mabille, en se trémoussant,
En eau, les danseuses se fondent.
Quand on les invit' poliment
A s' ménager, ell's vous répondent,
Tout en sautant, ell's vous répondent : (Bis.)
Il fait si chaud !

TOUS.

Il fait si chaud ! etc.

COCODET.

Sous l'ombrage d'un frais bosquet,
Je rêvais à de doux poëmes.
Tout bas Aglaé me disait :
Ah ! répète-moi que tu m'aimes ! (Bis.)
Il fait trop chaud !

TOUS.

Il fait si chaud ! etc.

SCÈNE VI

LES MÊMES, LA RIVIÈRE.

LA RIVIÈRE. Ah ! que vous avez raison !

MÊME AIR.

Moi, la Seine, j'en dépéris !
Grâce à cet été mortifère,
A leur sourc' mes flots sont taris.
On meurt de soif dans la rivière. (Bis.)

TOUS.

Il fait si chaud ! etc.

JOSON. La Rivière ! je me précipite dans ses bras.
LA RIVIÈRE. Trop tard ! de Bercy à Saint-Ouen, la Seine n'est plus qu'une vaste grenouillère... On s'y foule.
COCODET. Il faut prendre un numéro d'avance pour avoir une place.
LA RIVIÈRE. C'est au point que, ne pouvant plus passer l'eau à la nage, on a inventé de la passer en marchant dessus. Il y en a deux qui ont tenté l'épreuve, un célibataire et un homme marié.
JOSON. Et ils ont réussi ?
LA RIVIÈRE. Un des deux seulement.
COCODET. Je parierais que c'est le mari qui a pris le bain ?
LA RIVIÈRE. Vous gagneriez.
JOSON. Ça ne m'étonne pas !

AIR :

Il est certain qu'en cette affaire,
Toutes les chances de succès
Étaient pour le célibataire ;
L'époux jouait un jeu mauvais. (Bis.)
S'il sombre quand l'autre s'en tire,
C'est qu' pour le voyage essayé,
Rien n'est nuisible, on peut le dire,
Comme d'avoir un boulet au pied. } (Bis.)

LA RIVIÈRE. Ah ! il est sûr que l'eau, ce n'est pas le plancher des biches.

AIR de *Renaudin de Caen*.

Au monde tout n'est pas bateau,
Et je n'y pourrais pas suffire,
Si j'entreprenais de vous dire
Tout ce qui ne va pas sur l'eau.
On s'aime, on s'adore, on s'embrasse ;
Mais au jour calme qui renaît
  La lune de miel a fait place ;
Au jour on se voit comme on est.
Alors adieu les noms d'oiseau !
Sur les écueils du mariage
L'amour, hélas ! a fait naufrage...
Ça n'est pas ça qui va sur l'eau.

JOSON.

La grosse caisse et la trompette
Vantent un grand homme... en projet.
Son nom se dit et se répète ;
Il est illustre .. il n'a rien fait...
Le chef-d'œuvre, livre ou tableau,
Tant prôné, paraît... tout s'écroule !
Au fond la célébrité coule...
Ça n'est pas ça qui va sur l'eau.

COCODET.

Une prude a subi sans crainte
L'attaque d'un barbon hardi.
Désormais contre toute atteinte
Sa vertu se croit à l'abri...
Mais vienne un galant jeune et beau,
On comprend qu'il ne faut pas dire :
Fontaine... et la vertu chavire !...
Ça n'est pas ça qui va sur l'eau.

ENSEMBLE.

Tout au monde n'est pas bateau,
Et l'on n'y pourrait pas suffire,
Si l'on entreprenait de dire
Tout ce qui ne va pas sur l'eau.

LA RIVIÈRE. Mais mes baigneurs m'attendent...
COCODET. Ne les laissez pas le bec hors de l'eau.
LA RIVIÈRE. Je coule à leur secours.

ENSEMBLE.

AIR :

D'ici la rivière
  Vite s'enfuit,
Et bientôt, j'espère,
L'eau qu'on trouve chère,
  Va dans son lit
Retourner sans répit.

(La Rivière sort.)

LA CHALEUR. Allons ! Centigrade ! il y a longtemps que tu n'as monté, mon ami.
LE THERMOMÈTRE. Du flan ! je me révolte.
LA CHALEUR. Qu'est-ce que c'est ?
LE THERMOMÈTRE. En route, commissionnaire !
JOSON. Quarante-cinq degrés ! merci ! jamais de la vie !
COCODET, riant. Quel propre à rien que mon parrain !
ZILDA, en dehors. Doucement, Fleur-d'Amour ! restez là, mon bibi, et soyez sage !
COCODET. Voilà du monde. Nous allons voir si vous rechignerez encore, cette fois-ci.

SCÈNE VII

LES MÊMES, ZILDA.

ZILDA. Rechigner avec moi ! il n'y a pas de risque. Soyez calme, mon petit père ; j'en ai dompté de plus méchant.

AIR : *Ronde de Mimi-Bamboche*.

Saluez l'institutrice
  Des lions.

TOUS.

Des lions !

ZILDA.

Aux tigres j'apprends l'exercice
  Sans façons.

TOUS.

Sans façons !

ZILDA.

Les femmes vaines et coquettes
Apprivoisent bien d'autres bêtes.
  Plein' de dédains,
  Moi, je les plains ;
J'aime mieux les ours que les daims.
  La lionne frémit, peureuse,
  Sous ma cravache valeureuse.
    Place à Zilda,
  A Zilda la dompteuse !

REPRISE ENSEMBLE.

Place à Zilda,
Etc., etc.

COCODET. Je croyais que c'étaient des messieurs qui se livraient à cette paisible profession.
ZILDA. Il y en a eu. Mais pas de nerf, pas d'entrain, pas d'apparence de danger. C'était froid. Tout le monde serait entré dans la cage.
COCODET. Le fait est, que j'ai vu Crockett, et je déclare que j'y serais entré, dans la cage.
LA CHALEUR. Vous, vous auriez osé ?...
COCODET. Oui !... le matin, quand les bêtes n'y sont plus.
ZILDA, riant. Et il faudrait peut-être vous donner cent mille francs pour ça ?
COCODET. Je rabattrais bien quelque chose.
ZILDA. Mais ce n'est pas tout ça. Qui est-ce qui fait les commissions ici ? C'est vous, mon bonhomme ?...
JOSON. Oui, madame.
ZILDA. J'ai là un petit objet qu'il va falloir me porter à l'Hippodrome.
JOSON. Faut-il prendre mes crochets ?
ZILDA. Inutile ! ça peut se mettre sous le bras. Vous allez voir. Ah ! un instant !.... et la petite précaution.
(Elle roule une table au milieu de la scène et se met derrière.)
LE THERMOMÈTRE. Tiens ! est-ce qu'on va manger ?
COCODET. Ou si c'est qu'elle va escamoter quelque chose ?
ZILDA. Là ! (appelant) Ici, Fleur-d'Amour ! ici mon bibi !... (On entend un grognement.) Ici donc !
(Un ours blanc entre.)
JOSON. Au voleur !
LE THERMOMÈTRE, montant sur une chaise. Au secours !
COCODET. Saperlotte ! Qu'est-ce que c'est que ça !
ZILDA. Ça ! c'est un ours qui ne laisse rien à désirer pour la blancheur ni pour la férocité. Mais n'ayez pas peur, il ne s'agit que de

savoir s'y prendre avec lui! Ici, Bibi! (Elle lui allonge un coup de cravache, l'ours grogne.) Allez, la musique!

AIR : *Des Trois Fantassins.*

En sa douceur, j'ai confiance entière,
    Et rantanplan !

TOUS.

Et rantanplan !

ZILDA.

Mais entre nous, je place une barrière,
    Et rantanplan !

TOUS.

Et rantanplan !

ZILDA.

Allons ! faites-nous des risettes...
De loin, comm' nous nous entendons !
Très-bien ! à c'te niche, et dormons !
    Sonnez, trompettes,
    Sonnez, trompettes et clairons !

REPRISE ENSEMBLE.

Sonnez trompettes,
Etc., etc.

Pendant le couplet, Zilda a exécuté le manége d'Hermann avec son ours, lui allongeant des coups de cravache par dessus la table, et lui donnant à manger. L'ours franchit la table; elle lui jette un morceau un peu loin, et fait vivement le tour, maintenant toujours la table entre elle et lui. A la fin, elle le pousse dans un coin et l'y accule. L'ours s'assied, pris derrière la table, et reste là.)

ZILDA. Là ! voilà ce que c'est! (Saluant.) C'est pour avoir l'honneur de vous remercier!
JOSON. Il va rester là ?
ZILDA. Oh! il n'y a pas de danger. Quant il est à table, il ne pense pas à autre chose.
COCODET. C'est un gastronome.
ZILDA. La gourmandise est son péché mignon.
JOSON. J'ai entendu parler d'un vaudevilliste, qui a été soi-disant dévoré... serait-ce lui ?
COCODET. Le vaudevilliste? au contraire.
ZILDA. Il en est bien incapable, le pauvre innocent.
JOSON. Au fait, c'est vrai; c'eût été contre nature.

AIR : *Je n'ai point vu...*

Car il existe, à ce qu'on m'a conté,
Entre les ours et les vaudevillistes,
Certain lien de proche parenté,
Qui lui défend ces repas fantaisistes.

ZILDA.

Si le destin, tragique tentateur,
Lui présentait pareille bonne chère,
Vous le verriez reculer plein d'horreur;
La pauvre bête, hélas ! aurait trop peur
De dévorer son propre père.
Il ne mangerait pas son père.
    (L'ours grogne.)

JOSON. Elle ne lui fait pas dire.
COCODET. Alors le vaudevilliste n'est pas ce qu'il aime.
ZILDA. Non.
JOSON. Quoi donc alors?
ZILDA. C'est moi. Ah ! c'est toute une histoire.

AIR : *Aï! Chiquita.*

Un jour qu'il faisait la planche
Dans la fosse à l'ours Martin,
Je vis sa fourrure blanche,
Son œil bleu, son air mutin.
Une électrique étincelle
Soudain dans mon âme a lui;
Je sentis qu'une ficelle
Tirait tout mon cœur à lui.
Comme la douceur attache
Les esprits rebelles, à coups
De bâton et de cravache,
Je le rendis souple et doux ;
Quand son échine tremblante
Enfin se courba sous ma loi,
Je m'écriai, triomphante :
C'en est fait ! il est à moi.

Hélas ! l'amour, faibles femmes !
Est riche en déceptions ;
La confiance à nos âmes
Fait boire d'amers bouillons,
Vers lui quand j'allais rêveuse,
Il se levait à ma voix ;
Mais sa griffe était nerveuse,
Mais son œil était sournois.
Je me disais : Il m'adore !
Répondons à sa folle ardeur !
Puis je me disais encore :
Méfions-nous : c'est un trompeur ;
Et j'ai trouvé le problème
En m'apercevant, — pas trop tôt ! —
Qu'il m'aime, oui, mais comme on aime
Le bifteck et le gigot.

COCODET. Et c'est cet amoureux-là que vous voulez faire porter par un commissionnaire? allons, parrain !...
JOSON. Plus souvent !...
ZILDA. Et moi, comment vais-je faire? Je vais aux courses de Vincennes. Il y a du domptage.
JOSON. Ça m'est égal. Je donne ma démission.
COCODET. C'est comme ça ! Hé bien ! moi aussi. J'entrevois une autre source de bénéfices. Aux courses !
TOUS. Aux courses !
ZILDA. En route, Fleur-d'Amour! Je t'emmène.

AIR de M. Victor Chéri.

Courons aux courses de Vincennes ;
Au galop! sportmen, au galop !
C'est là qu' les dompteuses sont reines,
Et que la cravache a l' gros lot.
Au galop ! au galop ! au galop !

REPRISE EN CHOEUR.

(Tous sortent. L'ours les suit en emportant la table.)

Quatrième tableau

(La Tourelle, à Saint-Mandé. A droite, un café; à gauche, un marchand de vin.)

SCÈNE PREMIÈRE

LOQUART, BLANQUIN, CASCADET, LA MÈRE TROPICAL, FOUYOU.

(La mère Tropical est assise sur le brancard de sa voiture à bras; les autres sont groupés près de la coulisse et parlent à la cantonade.)

TOUS, criant. Ohé ! le marché aux bêtes à deux pattes ! ohé !
FOUYOU. Oh ! Je m'amuse-t'y ! Je vas en engraisser, bien sûr.
LOQUART. Tiens! regarde donc celui-là, sur son animal; si on ne dirait pas une pincette en croix avec un manche à balai.
FOUYOU. Il va attraper le mal de mer, à se faire secouer comme ça.
CASCADET. Et celle-là, dans son panier à salade. Bien sûr qu'elle cherche des clous dans le ruisseau avec le fond de sa voiture. Regardez-donc! mère Tropical, en voilà une roulante qui dégotte la vôtre, pour la bassesse.
LA MÈRE TROPICAL. Tais-toi donc, roquet ! Quand t'auras fini d'aboyer comme ça après les passants ?
CASCADET. Tiens ! c'est rigolo.
BLANQUIN. Puisqu'on nous paye de voir défiler les bêtes curieuses devant nous....
FOUYOU. Sans que ça coûte rien, encore.
LOQUART. Faut bien en profiter. Les courses de Vincennes, ç'a été institué pour amuser le faubourg... ainsi !...
LA MÈRE TROPICAL. Hé bien ! au moins ne criez pas. Ça suffirait de hausser les épaules et de dire: Holà, là !

AIR de M. Éd. Doyen.

Quand j' pense que dans cette foule,
Plus d'une s'est dit ce matin ;
Y a pas à dire ! il faut qu' ça roule
Aujourd'hui... nous verrons demain.
Quand j' pens' que c'te dame si fière,
N'a pas l'œil chez la boulangère,
Ça n' fait de la peine et j' fais comme ça : }
    (Haussant les épaules.)   } (Ris.)
    Oh ! là ! là ! oh ! là ! là ! }

LOQUART.

Moi, quand j' vois un commis en linge,
Sur un squelette de coursier,
Si haut qu'on croirait voir un singe,
A cheval sur un lévrier,
C' n'est pas ma faute, il faut que j' pouffe,
En l' voyant faire son esbrouffe,
Et trottiner cahin caha....
    Oh ! là ! là ! oh ! là ! là !   } (Bis.)

CASCADET.

Quand je vois tout ce qui s' pavane,
Dans ces équipages flambants,
Moi, le monde me parait crâne,
Et je trouve les hommes grands.
Je me sens tout fier et tout aise
D' voir mon tailleur en poney-chaise,
Et mon chapelier en briska...
    Oh ! là ! là ! oh ! là ! là !   } (Bis.)

BLANQUIN. Hé ! dites donc! Loquart, Cascadet ! En v' là d'autres qui viennent par ici.
CASCADET. Nous allons rire.
LA MÈRE TROPICAL. Laissez-les donc. Tenez ! Je paye un litre. Toute cette poussière qu'i' font, ça dessèche.
LOQUART. J'en suis.
FOUYOU. Un Français ne recule jamais devant un canon !
CASCADET. Allons-y !....

(Ils sortent sur la ritournelle de l'air suivant.)

SCÈNE II

FLORESKA, NICHETTE, EUPHRASIE, ALDEGONDE, ANATOLE, ALI-MUSTAPHA.

CHOEUR.

AIR de M. Victor Chéri.

Vivent les courses de Vincennes !
Au galop! sportmen, au galop !
C'est là que les femmes sont reines,
Et prennent tous les cœurs d'assaut.

NICHETTE.

Ce n'est pas un plaisir vulgaire,
Voir courir le gazon ras,
Des chevaux qu'on ne connaît guère,
Dans un but qu'on ne connaît pas.

ALDEGONDE.

Aussi la foule vient exacte,
Bien que ce spectacle charmant
Vous donne cinq heures d'entr'acte,
Pour dix minutes d'agrément.

TOUTES.

Vivent les courses, etc.

EUPHRASIE.

Sur cette pelouse fleurie,
Plus d'un attrait sait nous charmer,
C'est là que la coquetterie
Offre des prix à réclamer.

Plus d'un regard peu formaliste,
Du départ donne le signal,
Et tous ceux qui suivent la piste,
Ne la suivent pas à cheval.

TOUTES.

Vivent les courses, etc.

EUPHRASIE. Le fait est que c'est un plaisir enivrant.

ANATOLE. C'est vrai, je n'ai jamais tant vu de chapeaux roses.

ALDEGONDE. Si vous nous faisiez servir quelque chose, pour la peine?

ANATOLE. Volontiers! je ne suis là que pour ça.

(Il appelle le garçon et fait servir.)

ALDEGONDE. Viens-tu, Floreska?

FLORESKA, à la coulisse. Tout à l'heure! C'est que je suis inquiète de Turquoise. Elle est un peu agitée. Holà! ho!

ALDEGONDE. En voilà une qui me scie le dos avec sa Turquoise et sa brouette. (A Nichette.) N'est-ce pas?...

NICHETTE. Hein? (Cherchant). Où est donc... Ah! Ali-Mustapha! nous allons boire, mon ami.

ALI-MUSTAPHA. Mashallah!

EUPHRASIE. Allons! bon! A l'autre, avec son moricaud.

NICHETTE. Que veux-tu? Ils sont si séduisants, ces êtres-là! Et puis, n'a pas un spahis qui veut. Aussi j'épouserai celui-ci, sitôt qu'il saura le français. N'est-ce pas, Mustapha.

ALI-MUSTAPHA. Mushem sebir!

FLORESKA, se rapprochant. Si c'est vrai! Et ça sera-t-il long?

NICHETTE. Il se fait tirer l'oreille. Pour l'écouiller, je voulais le rendre jaloux.

FLORESKA. Rien n'empêche.

NICHETTE. Si fait.

AIR : *Amis, voici la riante semaine.*

En admirant de sa figure brune
L'éclat bronzé, le mâle coloris,
Pour les gandins au teint de clair de lune
J'ai senti là d'invincibles mépris.

FLORESKA.

Et tu ne sais maintenant comment faire
Pour le moyen que tu veux employer?
Tu te noieras, je le vois, dans un verre...
Rends-le jaloux avec ton charbonnier. (Bis.)

NICHETTE. Tiens! au fait! Ali-Mustapha, ici!

EUPHRASIE. Ah! ça, mais il fait soif, si nous allions boire! (Elles s'attablent.)

SCÈNE III

LES MÊMES, COCODET, JOSON.

(Joson est en jokey; Cocodet en sportman.)

JOSON.

AIR : *de la Galopade.*

Ah! quel métier! quel gredin de métier,
Où la meilleur chance,
Qu'on laisse encore au pauvre cavalier
C'est de r'venir entier!
D'abord, je me débats en vain,
On m' met dans une balance.

COCODET.

C'était pour vous peser, parrain.

JOSON.

J'en étais bien certain,
Mais j' n'avais pas moins raison d'hésiter;
Car j'ai vu venir l'heure,
Où, n' pouvant rien à mon poids ajouter,
On allait m'en ôter.

COCODET.

Enfin, voici l'instant fatal :
Qu'on triomphe ou qu'on meure!
On vous hisse sur le cheval,
On donne le signal.

JOSON.

Nous galopons en parfaite union.
Mais l'obstacle m'arrête ;
Et d' corps j'obtiens là, par provision,
Un' séparation.

COCODET.

De son côté chacun roulait.
On crie : Ah! pauvre bête!

JOSON.

Et je n' suis pas sûr que c'était
Du cheval qu'on parlait.

REPRISE ENSEMBLE

Ah! quel métier! etc.

ANATOLE. C'est un coureur qui n'a pas eu d'agrément.

COCODET. Avec tout ça, voilà mes paris perdus et ma spéculation dans l'eau!

JOSON. Pourquoi as-tu voulu m'employer à ça? Je savais bien que ça tournerait mal. Quelle drôle de manière d'améliorer la race chevaline!

AIR :

Au bord du fossé la culbute!
Au rebours de c' qu'on voit chez nous,
Ici l'on voit, grâce à maint' chute,
Les chevaux d'sus, les homm's dessous.

COCODET.

Pourtant, il est à ces massacres,
De bonnes raisons; et, tenez!
Il faut bien des ch'vaux couronnés,
Pour fair' des chevaux de fiacres (bis).

(On entend un grand bruit au dehors.)

EUPHRASIE. Qu'est-ce que c'est que ça?...

FLORESKA. Je parie que c'est Turquoise qui fait des siennes, et on trouve ça mauvais... Quel ennui!... Quand on me reprendra à venir dans des endroits aussi populaciers...

ALDEGONDE. D'abord, on ne devrait pas être à Paris dans cette saison-ci. J'aurais dû rester plus longtemps aux eaux.

JOSON. Z-aux eaux! Excusez!

COCODET. Comme ça madame est allée z-aux eaux, cet été?

ALDEGONDE. A Plombières.

JOSON. Où vous avez pris...

ALDEGONDE. Des glaces, tout le temps...

COCODET. Parbleu! c'est là que ça se fait...

NICHETTE, à Floreska. Et toi, as-tu voyagé, chère?

FLORESKA, embarrassée. Tu penses! Je suis allée... je suis allée à Bottot.

JOSON. A Bottot!

COCODET. Vous ne connaissez pas les eaux de Bottot?

EUPHRASIE. C'est très-comme il faut!

COCODET. On s'en sert beaucoup dans les palais.

FLORESKA. Monsieur y est allé?...

COCODET. Oh! non! en fait d'eau, je n'aime que l'eau salée, et la mer est trop loin. Si elle voulait prendre la peine de se déranger pour venir ici...

SCÈNE IV.

LES MÊMES, AMPHITRITE.

AMPHITRITE. Me voilà!...

JOSON. Gare là-dessous! Oh! j'ai eu peur. J'ai cru que c'était la mer.

AMPHITRITE. Et c'est elle-même, Amphitrite en personne...

AIR *de la Fée aux Roses.*

Je quitte les rivages
Où mes flots, sur les plages,
Baignent les galets gris,
Et j'arrive à Paris.
    Salut, Paris!
Aux retraites profondes
Où s'endorment mes ondes,
Aux concerts éoliens,
Disant adieu, je viens,   } (Bis.)
    Oui, je viens,
    Salut, ô Parisiens!

Sur mes rives qu'on vante
Une foule élégante,
Là-bas, venait s'offrir
La santé, le plaisir,
    Santé, plaisir,
Mais le bourgeois tranquille
M'appelle à domicile.
Vos désirs sont les miens;
On m'appelle et je viens.   } (Bis.)
    Oui, je viens,
    Salut, ô Parisiens !

COCODET. Je n'avais jamais vu la mer. On a bien raison de dire que ça donne des idées... Les grandes harmonies de l'Océan, ça élève l'âme; n'est-ce pas, mesdames?

FLORESKA. Oh! ne m'en parlez pas! (lorgnant) La toilette n'est pas mal.

AMPHITRITE. Il a bien fallu m'habiller pour venir ici. J'ai consulté une des plus simples parmi les baigneuses de Dieppe, et je lui ai emprunté ce petit négligé du matin.

JOSON. Excusez! Combien met-on donc de jupons le soir, à Dieppe?

AMPHITRITE. Ma fille Vénus n'a pas voulu faire comme moi.

JOSON. Comment? Vénus est votre...

AMPHITRITE. D'où sortez-vous donc?

COCODET. Tout le monde sait bien que Vénus est une déesse en écume de mer.

JOSON. Comme les pipes. C'est donc ça que les jolies femmes nous font tant fumer.

COCODET. Parrain ! Vous disiez, madame ?...
AMPHITRITE. Je disais que ma fille Vénus n'a pas voulu m'imiter. Aussi, j'ai été forcée de la laisser à la maison.
JOSON. Ah ! ça ne m'étonne pas de votre part, par exemple.
AMPHITRITE. Hein ?
COCODET. Parrain ! Vous allez mettre la mer en fureur.
JOSON, *galamment*. Ça ne m'étonne pas, parce que c'est un procédé de belle-mère.
AMPHITRITE. Trop aimable.

AIR de M. E. Dubreuil.

Je l'ai laissée, et pour raison ;
Jugez un peu quelle figure
Elle eût faite dans un salon,
Elle qui n'a qu'une ceinture ?
Mon chagrin eût été très-vif
Si, comme j'en suis persuadée,
Grâce à son costume naïf,
Personne ne l'eût regardée. } (*Bis*.)

COCODET. Chacun a son petit amour-propre.
AMPHITRITE. Il faudra pourtant bien qu'elle se décide. Je viens à Paris choisir un emplacement pour m'y établir tout à fait.
ALDEGONDE. Vous allez vous fixer ici ?
AMPHITRITE. On en parle. Il paraît que les ports de Brest et de Marseille empêchent le port Saint-Nicolas de dormir.
NICHETTE. Ce sera charmant.
FLORESKA. Je crois bien. J'ai une une camarade qui me taonne, parce qu'elle va aux bains de mer tous les ans ; moi, j'irai tous les matins.
AMPHITRITE. C'est un perfectionnement nécessaire.

AIR *de la lettre de l'Étudiant*.

De sa grandeur, de sa richesse,
Paris est vain, Paris est fier ;
Mais Paris avait sa faiblesse :
Il lui manquait un port de mer.

Il réclamait à mille titres
Contre cet Océan absent ;
Car enfin Paris manquait d'huîtres,
Et Paris n'était pas content.

J'arrive ! Il aura des régates,
Des bains, des casinos coquets ;
Il verra lancer des frégates ;
Il mangera du poisson frais.

Les dames porteront des cannes
Et des bottes, — même à revers.
Les messieurs courront sur des ânes,
Avec ombrelle et voiles verts.

Tous, à l'heure où Phébus décline,
Iront jouer avec le flot,
Les unes sans leur crinoline,
Les autres sans leur paletot.

Et la pudeur et l'innocence,
Viendront regarder d'un œil rêveurs,
— Honni soit-il qui mal y pense ! —
Contempler les jeux des nageurs.

Pour aller à la promenade,
Aux biches on fera cadeau,
Non plus d'un panier à salade,
Mais d'un joli petit vaisseau.

Les pêcheurs qui tendent leurs lignes,
Prendront à Chatou du marsouin,
De la raie à l'île des Cygnes,
Et de la crevette à Saint-Ouen.

Les amoureux peu sympathiques,
Se trouvant froidement aimés,
Iront bouder sous les tropiques,
Et reviendront plus enflammés.

Et chacune, fût-elle dinde,
Avec plaisir accueillera
Les amoureux retour de l'Inde...
Le cachemire vient de là.

Bref, désormais de sa richesse,
Paris peut être vraiment fier :
Car, ici j'en fais la promesse,
Paris aura son port de mer.

REPRISE EN CHŒUR

Oui, désormais de sa richesse,
Paris peut être vraiment fier ;
Car la mer en fait la promesse,
Paris aura son port de mer.

COCODET. Oh ! je me réjouis d'avance, moi, et je vais me réjouir tout le temps, excepté à l'heure des repas.
AMPHITRITE. N'est-ce pas, que ce sera beau ?
COCODET. Oh ! oui, quand on ne parlera plus que par tribord, par bâbord ; quand on vous chantera toute la journée : C'est ma corvette... Oh ! hisse !
JOSON. Pouah ! ça me donne le mal de mer, à moi ; je n'ai fait tout le monde marin, tant pis pour l'uniforme !... Je le déshonore.
AMPHITRITE. Oh ! on choisira.
COCODET. Il y a les classes marit...
AMPHITRITE. Les classes maritales, justement. J'ai un projet qui sera très-bon pour épurer la population.
JOSON. Par la marine ?
AMPHITRITE. Oui.

AIR de *Méridien*.

On armera-z-un grand navire,
Qui s'appell'ra... Je n'veux pas l'dire !
Mais l' bâtiment s'ra tout entier
Construit-z-en bois de cornouiller.

TOUS.

Le bâtiment, etc.

AMPHITRITE.

On y mettra pour équipage
Tous ceux qu' auront dans leur ménage
Eu du chagrin un' fois, deux fois. } (*Bis en*
Le chargement sera de bois. } *chœur*.)

Le commandant du *Capricorne*
Aura-z-un chapeau-z-à deux cornes,
Et, par bonheur, son pavillon } (*Bis*
S'ra-z-à la corne d'artimon. } *en chœur*.)

Pour la côte de Cornouaille
On fera voil', vaille que vaille,
Par l'équinoxe, et c'est tant mieux } (*Bis en*
S'il vente à décorner les bœufs. } *chœur*.)

C'est un pays, messieurs, mesdames,
Où les maris n'ont pas de femmes.
Le bois y manque, et pour raison... } (*Bis en*
On y laiss'ra la cargaison. } *chœur*.)

Les mat'lots r'viendront tête haute.
Après ceux-là, ça s'ra-z-à d'autres ;
On en chôm'ra jamais à bord } (*Bis en*
Quand n'y en a plus, y en a-z-encor. } *chœur*.)

JOSON. A la bonne heure ! voilà un projet que j'approuve.
AMPHITRITE. Vus êtes sûr de votre affaire ?
JOSON. Oh ! elle est faite, ou elle ne se fera jamais. Je suis veuf.
COCODET. Et nous vous reverrons bientôt ?
AMPHITRITE. Dans un instant. Trois cents kilomètres à franchir... qu'est-ce que c'est que ça ?
COCODET. Une paille.
AMPHITRITE. A revoir. Et apprenez-moi le dictionnaire maritime, que je vous retrouve ferrés là dessus.

AIR : *Un vaisseau*.

Ralinguez !
Lofez et carguez !
Oh ! eh !
Mill' sabords !
Mill' tribords !
Mettez du goudron, fins marins,
A vos paroles comme à vos mains.
Oh ! eh !
Oh ! eh ! oh ! eh !
Voilà comm' sont les fins
Marins !

REPRISE EN CHŒUR

(Elle sort.)

SCÈNE V

LES MÊMES, moins AMPHITRITE.

ALDEGONDE, *montrant un joueur d'orgue qui vient d'installer sa mécanique*. Oh !.. un joueur d'orgue...
FLORESKA. Fi ! l'horreur !
ANATOLE. Assez, mon brave. Allez-vous-en.

SCÈNE VI

LES MÊMES, LA MUSIQUE DES RUES.

LA MUSIQUE. Et pourquoi donc ça ?.. Si la rue est à quelqu'un, c'est lui. Ne les écoute pas, mon brave homme, et tourne ton moulin à café. Je vas chanter à ces dames quelque chose qui leur fera plaisir.

AIR : *Laissez les roses au rosier*.

L'autre jour, en traînant ses s'melles,
Un' chiffonnière rencontra
Une paire de demoiselles,
Qui n' trouvaient rien d' si drôl' que ça.
La chiffonnier' leur dit : D' vos pattes
Faut pas tant vous enorgueillir ;
Vos souliers deviendront savates,
Et c'est comme ça qu'ça doit finir.
Car vous êtes, mes petit' chattes, } (*Bis*.)
Les chiffonnier's de l'avenir.

JOSON. Elle n'y va pas de main morte.
FLORESKA. J'ai peur que ce bruit n'effarouche Turquoise.
LA MUSIQUE. Qui ça, Turquoise ? Ah ! cette bête-là ! je parie que vous conduisez ce berlingot-là vous-même.
FLORESKA. Ça vous étonne ?
LA MUSIQUE. Au contraire. C'est une habitude de famille. Toutes vos parentes ont des voitures qu'elles conduisent elles-mêmes.
JOSON. Elle est d'une grande famille.
LA MUSIQUE. Elles sont toutes marchandes des quatre saisons.
COCODET. En voilà une gaillarde qui n'a pas sa langue dans sa commode.
LA MUSIQUE. Pas vrai, mon fils ?
COCODET, *à part*. Ah ! je suis fâché d'avoir parlé, elle va m'attraper ; je n'aime pas ça devant le monde.
LA MUSIQUE. Hé bien ! Ça a toujours été, et ça sera toujours comme ça. Il n'y a personne comme moi pour se faire écouter. Car je suis la Musique des rues.
JOSON. Et qu'est-ce qu'elle chante, cette musique-là ?
LA MUSIQUE. Tout ! (*Au joueur d'orgue*.) Ote-toi de là, mon homme ; je vais me moudre ce

qu'il faut moi-même, cette fois-ci. Payez-vous un recueil à deux sous : la distraction de l'atelier, le charme des salons.

Air : *Ronde du Parisien.* (*Le Mauvais Sujet.*)

Pour la trogne
De l'ivrogne   (*Bis.*)
J'ai des chants;
Je soupire
Le martyre   (*Bis.*)
Des amants ;
Puis les quitte,
Et j'agite   (*Bis.*)
A propos
De la folle
Gaudriole   (*Bis.*)
Les grelots.
Vous tous qui voulez prendre
Un' pinte de bon sang,
Venez, venez entendre
La musique en plein vent.
La mu, la si, la mu, la si,
La musique en plein vent.   } (*Bis.*)

(Parlé pendant la ritournelle.) Demandez les cahiers à deux sous. Il y en a à quatre sous pour les grandes fortunes. Le petit Bordeaux... Un nez à sucer de la glace... Ah ! faut-il qu'un homme soit cornichon !

MÊME AIR.

J'accompagne
En campagne   (*Bis.*)
Nos soldats ;
Je me rue
Tout émue   (*Bis.*)
Sur leurs pas,
Et je chante,
Triomphante,   (*Bis.*)
Mexico,
Où naguère
A pris terre   (*Bis.*)
Leur drapeau.
Français qu'avez l'âme tendre,
Et qu' avez le cœur grand ;
Venez, venez entendre
La musique en plein vent,
La mu, la si, etc,

REPRISE EN CHŒUR

COCODET. Ce que je voudrais savoir, c'est pourquoi, à présent, dans les chansons, on coupe toujours les noms en tranches... comme ça : — Je m'appelle Lodo, loïs, loka, Lodoïska.

LA MUSIQUE. C'est parce que, quand on donne du nanan à des serins, on le met en petits morceaux pour que ça leur paraisse meilleur. — Voilà, espèce de daim !

COCODET. Merci... (A part.) J'ai éternué, je l'avais bien dit.

LA MUSIQUE, au joueur d'orgue. Assez pour ceux-là, l'enflé, emporte ta malle et à d'autres... et vous, aux courses !... les cocottes...

Reprise de l'air.

Courez aux courses de Vincennes,
Au galop ! sportmen, au galop !
C'est là que les femmes sont reines.
Et prennent tous les cœurs d'assaut.
Au galop ! au galop ! au galop ! au galop !

TOUS.

Courons aux courses de Vincennes, etc.

Cinquième tableau

Un théâtre, avec un décor représentant le vestibule d'une pagode. Au fond un grand rideau.

COCHER !... A BOBINO !

SCÈNE PREMIÈRE

MITOUFLARD, puis TATILLON.

(Tous deux en costume turc : Mitouflard en pacha, Tatillon en eunuque.)

CHŒUR DE FEMMES, au dehors.

Air de *Robert le Diable.*

Liberté complète !
Ici chacun doit
Agir à sa tête,
Puisque c'est un droit.

MITOUFLARD, à la cantonade, parlé. Non, mesdames, non, je suis le maître.

LE CHŒUR.

A tous nos caprices,
Qu'on cède le pas ;
Sinon plus d'actrices !
Nous ne jouerons pas.

MITOUFLARD. Allez au diable, tas de péronnelles ! (A Tatillon qui entre.) Hé bien ! Tatillon ?..

TATILLON. Ah ! monsieur le directeur ! c'est une révolte. Elles ne veulent pas mettre leurs costumes.

MITOUFLARD. Au moment de la répétition générale, quand le décor était déjà posé !

TATILLON. Il y a surtout mademoiselle Castagnette. J'ai beau lui expliquer qu'elle ne peut pas jouer une paysanne siamoise en pêcheur napolitain... Elle me répond que le théâtre est libre et qu'on fait comme on veut.

MITOUFLARD. Je ne céderai pas, je suis chez moi-z-ici ?

TATILLON. Vous êtes le maître.

MITOUFLARD. Nous ne sommes plus au temps que je me suis laissé dire, ousqu'il fallait des permissions pour avoir un théâtre. A présent on ouvre ça comme une boutique de boulanger. Moi, je me suis payé cet agrément-là : mes moyens me le permettent.

AIR :

On est libre, et c'est ce que j'aime,
De jouer où, quand, comme on veut,
Ce qu'on veut ; on est libre même
D'avoir des succès... si l'on peut.
Dans la liberté du théâtre,
Un' seul' chose est à déplorer :
C'est que le public idolâtre
Soit libre de ne pas entrer.   (*Bis.*)

TATILLON. C'est une lacune.

MITOUFLARD. A part ça, je ne m'en tirerais pas mal.

TATILLON. Vous avez eu d'abord une si heureuse idée, en fondant ce théâtre oriental...

MITOUFLARD. J'ai toujours eu l'esprit tourné à ça. Aussi façade turque, salle moresque, directeur pacha, régisseur........ comme tu es là !

TATILLON. Et pas d'acteurs dans votre théâtre.

MITOUFLARD. Rien que du sexe. C'est plus gracieux à l'œil, et j'aime ça.

TATILLON. Et ça permet une jolie littérature.

MITOUFLARD. Un peu croustillante.

TATILLON. Comme notre pièce de ce soir.

MITOUFLARD. Les Amazones du roi de Siam. Je ne sais pas ce que ça veut dire : mais j'adore ça. Mes moyens me le permettent.

TATILLON. Malheureusement...

MITOUFLARD. Ces drôlesses qui ne veulent pas jouer ? On les remplacera. J'ai déjà écrit à tous les commissionnaires en marchandises dramatiques.

TATILLON. Et tenez ! voilà déjà des échantillons qu'on nous envoie.

SCÈNE II

LES MÊMES, PEAU D'ANE, LA LAMPE MERVEILLEUSE.

Air de J. M. Chautagne.

PEAU D'ANE.

Nous sommes des féeries,

LA LAMPE.

Qui faisons de l'argent.

PEAU D'ANE.

Nous sommes applaudies,

LA LAMPE.

Le public est content.

PEAU D'ANE.

Chacun vient à la file ;

LA LAMPE.

Nous faisons, couple heureux,

PEAU D'ANE.

Courir toute la ville,

LA LAMPE.

A nous deux !

PEAU D'ANE.

A nous deux !

ENSEMBLE

Courir toute la ville.
A nous deux ! . (*Bis.*)

MITOUFLARD. Ce sont des dames bien couvertes ; faut être poli, tout pacha qu'on est. Mesdames, je vous salue jusque sous la semelle. Qu'est-ce qu'il y a pour votre service ?...

PEAU D'ANE. On nous a dit que vous désiriez un spectacle tout prêt...

LA LAMPE. Et un beau spectacle.

PEAU D'ANE. Me voici !

LA LAMPE. Prenez-moi !

AIR : *de la dixième muse.*

Je suis la lampe merveilleuse,
Qui servait Aladin ; je suis
Celle dont l'histoire fameuse
Se lit aux Mille et une Nuits.
Par moi la foule curieuse,
Voit des miracles ignorés.
Entrez, entrez ! vous verrez ! (*Bis.*)
Que faut-il pour plaire et séduire ?
Beaux habits et beau logement.
Grâce à mon luxe qu'on admire,
La féerie est reine à présent.

PEAU D'ANE.

MÊME AIR.

Je suis l'innocente Peau d'Ane.
On goûte, succès sans pareil !
Encor plus que ma frangipane,
Ma robe couleur du soleil.
La lumière électrique plane
Partout dans mes cieux azurés.
Entrez, entrez ! vous verrez ! (*Bis.*)
Que faut-il pour plaire et séduire ?
Etc., etc., etc.

REPRISE EN CHŒUR

TATILLON. Ça doit être un spectacle bien intéressant.
LA LAMPE. Palpitant d'intérêt. J'ai un champignon qui se développe... on n'a jamais rien vu de plus émouvant!... et un visir qui promène un pal pendant toute la pièce.
MITOUFLARD. Un pal! Comment porte-t-il ça?
LA LAMPE. Dam! comme ça se porte. C'est d'un goût!...
PEAU D'ANE. Et moi, j'ai mon aquarium, avec des poissons. C'est à vous tirer des larmes.
MITOUFLARD. Le poisson ne suffit pas.

Air :

Dans votre histoire trop longuette,
— La féerie est comm' ça souvent, —
La gaîté s' montre un peu discrète,
L'intérêt un peu languissant.
Vous semblez, et la faute est grosse,
Si votre aquarium a du bon,
Avoir oublié qu' c'est la sauce
Qui fait avaler le poisson.

LA LAMPE. Ce ne sont pas les épices qui me manquent, à moi!
TATILLON. Oh! non!
MITOUFLARD. Ça, c'est vrai que chez vous, les costumes sont propres; mais le reste... votre lampe n'en éclaire pas mieux pour ça!

Air : de l'Artiste.

D'une huile peu choisie,
Et de mauvaise odeur,
Bien qu'elle soit remplie,
Ell' n' va guère, et l'auteur,
Dans le style qu'il aime,
A su nous l'révéler:
L'huil' de ricin ell'-même
Ne la fait pas aller.   } (Bis.)

PEAU D'ANE. Vous êtes difficile!
MITOUFLARD. Dam! quand on a-z-un esprit distingué.
LA LAMPE. Ne l'écoutons donc pas. Éblouir! il n'y a que ça!...

SCÈNE III

LES MÊMES, LA DAME AUX BOUCHONS DE CARAFE.

LA DAME. Voilà une vérité! je l'approuve, et je l'ai prouvée!
TATILLON, se cachant les yeux. Ah! mon Dieu! j'ai cru que c'était le lustre de l'Opéra qui entrait.
LA DAME. Vous ne me reconnaissez pas?...
MITOUFLARD. Je ne peux pas vous regarder.
LA DAME. Jadis la Dame aux camélias, aujourd'hui la Dame aux bouchons de carafe. J'avais fait mon temps comme poitrinaire. J'ai ressuscité comme boutique de bijoutier.
MITOUFLARD. Et où ça?
LA DAME. Rue de Bondy... Pas de devanture. Entrez au fond... Regardez, mais ne touchez pas!

Air : Aussi le monde dit-il.

Avec un piquet
De gendarmerie,
On reconduisait
Ma bijouterie.
Un voleur disait :
Cristi! comm' ça brille!
Un' jeune fille
Tout bas demandait
A madam' sa mère :

Un' pareille rivière,
Maman, est-elle bien chère?
Et le mond' venait
Pour admirer comm' ça brillait;
On courait,
On s' pressait,
Pour admirer comm' ça brillait.

TOUS.

Oui! (9 fois) Le monde pour voir accourait.

LA DAME. Ça vous va-t-il, mon gros sultan?
MITOUFLARD. Ma foi, non! ça brille, mais...

Air :

Ça nuit à l'intérêt du drame.
Jadis, chacun en vous voyant,
S'écriait : Ah! la pauvre femme!
Ça n' peut plus se dir' maintenant
Sur vos malheurs, touchants peut-être,
On ne peut plus pleurer beaucoup;
Car tout' les femm's voudraient se mettre
De pareilles pierres au cou. (Bis.)

LA DAME. Ça sera pour un autre; mais vous ne comprenez rien à l'art dramatique...
MITOUFLARD. Non! vous me l'apprendrez.
LA DAME. Et pour rien encore.

Air : Ronde des trois gamins. (Déjazet.)

Sachez qu'ici-bas,
L'or va vers l'or qui le convie. (Bis en chœur.)
Ce qui ne r'luit pas
Pour ceux qui payent n'a pas d'appas (Bis en chœur)
Ah! ah! ah! ah! ah! ah!
Brillons, et puis moquons-nous d'ça!

TOUS.

Moquons-nous d'ça. (Bis.)

LA DAME.

Prenez, c'est payé!
Et souv'nez-vous que dans la vie...
Prenez, c'est payé!
Il vaut mieux faire envie
Qu' pitié!

TOUS.

Prenez, c'est payé! etc. etc.

LA DAME, montrant les féeries.

MÊME AIR.

Leur style est méchant;
Mais qu'importe que l'on en rie?
Ell's font de l'argent...
Le Cid n'en peut pas dire autant.
Ah! ah! ah! ah! ah! ah!
Eto., etc.

(On frappe à une porte latérale.)

MITOUFLARD. Je reconduis ces dames. Fais attendre, Tatillon! ça donne du chic!

REPRISE DU CHŒUR.

(Peau-d'Ane, la Lampe et la Dame sortent, reconduites par Mitouflard.)

SCÈNE IV

TATILLON, COCODET, JOSON.

TATILLON. Entrez, messieurs.
JOSON. M. Mitouflard?
TATILLON. Il va venir, attendez!
(Il s'éloigne.)
JOSON. En voilà encore un métier que tu me fais faire!
COCODET. Excellent! correspondant dramatique, fournisseur des théâtres.
JOSON. Mais je n'ai rien à fournir!
COCODET. Vous me fournirez; je vous fournis.
JOSON. Nous nous fournirons.
COCODET. Nous attraperons bien quelque chose.
TATILLON, annonçant. Monsieur le directeur!

SCÈNE V

LES MÊMES, MITOUFLARD.

JOSON. Monsieur, c'est un jeune homme que je vous amène... qui... que... (A part.) Je ne sais que dire!
MITOUFLARD. Très-bien!... Qu'est-ce que vous savez faire?
JOSON. Dam! tout!
MITOUFLARD. Est-ce qu'il est muet?...
JOSON. Non, mais il est timide.
MITOUFLARD. Si je le gêne, je vais m'en aller.
JOSON. Non, au contraire; c'est moi qui le gêne. Je vous laisse avec lui.

Air : de Robin des Bois.

Vous verrez, il sait son affaire.
(A Cocodet.)
Bientôt, je serai de retour.

COCODET.

Ici, si je ne peux rien faire,
Après, ce sera votre tour.

ENSEMBLE

COCODET.

Je vais ici tenter l'affaire,
Mais soyez vite de retour.
Ici, si je ne peux rien faire,
Après, ce sera votre tour.

JOSON.

Vous verrez, il sait son affaire,
Bientôt, je serai de retour.
Si mon filleul ne peut rien faire,
Ensuite, ce sera mon tour.

MITOUFLARD et TATILLON.

Il faut voir si c'est notre affaire,
Et ce qu'il nous faut en ce jour.
De lui si l'on ne peut rien faire,
D'un autre après, ce s'ra le tour.

(Joson sort.)

SCÈNE VI

COCODET, MITOUFLARD, TATILLON.

MITOUFLARD. Hé bien! jeune homme?
COCODET. (Imitation de Mathews.) Excusez, monsieur. C'est que je suis troublé. Je suis un Anglais timide.
TATILLON. Il faut vous corriger de ça.
COCODET. Oh! je corrige bien vite. (A Mitouflard.) Qu'est-ce que c'est que ce vilain-là?...
MITOUFLARD. Ça! c'est mon régisseur.
COCODET. Ah! je croyais que c'était un macaque. Alors, Mitouflard, nous disons donc, que si vous voulez, je vais jouer la comédie chez vous.
MITOUFLARD. Vous! un exotique!...
COCODET. Justement! pour stimuler la curiosité! Comme ça, Mitouflard, vous allez

COCHER !... A BOBINO !

rester dans l'embarras, puisque vos actrices vous font des misères.

MITOUFLARD. Elles ne veulent pas s'habiller.

COCODET. Pas du tout? Laissez-les faire... Ça sera drôle! Et c'est votre théâtre, cette boîte-là?...

MITOUFLARD. Cette boîte!...

COCODET. C'est là que vous faites vos bêtises? Vous devriez pourtant être plus malin que ça, mon petit gogo. A quelle heure déjeunez-vous, Mitouflard?

MITOUFLARD. Jamais!

COCODET, entr'ouvrant le rideau du fond. Ne vous gênez pas!... Est-ce par là la salle à manger?...

SCÈNE VII

Les Mêmes, JOSON.

JOSON. Hé bien! vous va-t-il?

MITOUFLARD. Non! il a trop d'accent!

JOSON. Lui? il n'en a que quand il veut!

COCODET. Parbleu! quand ça me plaît, j'ai une diction aussi pure que vos acteurs, Tenez, il y en a un au Palais-Royal... un joli homme qui joue les domestiques. Si je voulais, je dirais tout aussi bien que lui : (imitation.) « Moi, monsieur, mon cœur a replié ses ailes; les mœurs, voyez-vous? il n'y a que ça; sans mœurs, du flan! » Il y a aussi un capitaine au Gymnase : (Imitation.) « J'ai eu un zouave dans mon régiment, qui était joueur... Une fois, il avait joué une de ses oreilles. Hé bien! il a été tué au col de Mouzaïa; depuis ce jour-là, il n'a pas touché une carte. » Voilà une diction pure...

MITOUFLARD. Ah ! c'est bien différent!...

JOSON. Alors, il vous va?

MITOUFLARD. Il faudrait l'entendre dans un rôle.

COCODET. Tout de suite. Donnez-moi un costume !

MITOUFLARD. Tatillon! conduisez monsieur au magasin...

TATILLON. Oui, monsieur le directeur.

COCODET, à Joson. Parrain, contez-lui une bourde, pendant ce temps-là, ça l'occupera.

JOSON. Sois tranquille !...

SCÈNE VIII

MITOUFLARD, JOSON.

JOSON. Nous sommes seuls. A nous deux, maintenant.

MITOUFLARD. Quoi donc?

JOSON. Vous ne savez pas, je suis Million, Million de Nantes...

MITOUFLARD. Donnez-vous donc la peine de vous asseoir.

MILLION. J'ai mis dans ma tête que j'aurais tous les théâtres à moi. J'en ai déjà trois, je n'en ai plus que cinquante et un à acheter. C'est une bagatelle, en s'y prenant bien. Vous êtes dans l'embarras, me voilà. Topez-vous?..

MITOUFLARD. Hé bien! et moi?

MILLION. Vous? vous serez mon régisseur. Vous aurez le droit de rester habillé en Turc. Mais vous balayerez les escaliers.

MITOUFLARD. Bigre ! j'aime bien le ballet, mais pas celui-là.

MILLION. Mais songez donc aux magnifiques résultats de la combinaison.

AIR des *Rameneurs.*

Puisque le privilége est mort,
Voici l'instant, sur ma parole,
De crier : Viv' le monopole !

MITOUFLARD.

Oui, ça se comprend sans effort.

MILLION.

Depuis longtemps on nous ennuie
Avec l'art et les droits qu'il a.
Devant moi, je veux que l'art plie.

MITOUFLARD.

Et vous faites bien : il pliera.

MILLION.

Je veux que ces farceurs d'auteurs
N'en fassent jamais qu'à ma tête,
Et que la cuisine soit faite
Chez moi par les plus grands acteurs.
Je veux résoudre le problème
De gagner gros à ce jeu-là.

MITOUFLARD.

C'est le hic !

MILLION.

Moi, j'ai mon système.
Bientôt tout se simplifiera.
Quand j'aurai tout à mon désir,
Je n'aurai plus qu'un seul théâtre,
Un seul...

MITOUFLARD.

Que l' public idolâtre
Sera bien forcé de choisir.
Je le vois d'ici qui se presse.

MILLION.

Là, sans frais, sans peine et sans peur,
Je jouerai toujours la mêm' pièce,
Et je n'aurai qu'un seul acteur.
Plus de concurrence!... D'argent,
Je compte faire ample récolte.

MITOUFLARD.

Mais si le public se révolte ?..,

MILLION.

Ah ! c'est bien là que je l'attend.
Je mets, sans me faire de bile,
La clé sous la porte...

MITOUFLARD.

Excellent !

MILLION.

C'est alors qu'on sera tranquille,
Et qu'on se fera du bon sang.

ENSEMBLE

Puisque le privilége est mort,
C'est le moment, sur ma parole,
De crier : Viv' le monopole !
L'argent est là qui n'a pas tort.

MILLION. Alors, c'est convenu?

MITOUFLARD. Ah! ma foi non! Régisseur comme Tatillon... c'est un trop grand sacrifice à faire!

MILLION. Vous y viendrez.

SCÈNE IX

Les Mêmes, TATILLON, puis COCODET.

TATILLON. Le voilà, il arrive.

COCODET, costume Louis XVI. Attention! elle me suit!

MITOUFLARD. Qui ça!

COCODET. L'Aïeule !

TATILLON L'Aïeule? elle ne doit pas être jeune, cette pièce-là?

COCODET. Elle n'est pas d'hier. C'est une pièce à surprise. On lève le couvercle, et, crac ! ça sort ! Vous allez voir !

SCÈNE X

Les Mêmes, LA MARQUISE, qu'on apporte dans un fauteuil.

LA MARQUISE, gémissant. Hun !

TATILLON. Ah ! qu'est-ce qu'elle a cette respectable dame?

LA MARQUISE. J'ai bien du mal, mon pauvre monsieur; figurez-vous que je me suis infligée d'une cafetière d'eau bouillante à l'endroit où j'avais autrefois des mollets, et je ne peux plus remuer ni pied ni patte.

MITOUFLARD. C'est navrant.

COCODET. Et s'il n'y avait que ça ! venez par ici tous les trois. (Imitation.) « J'ai une fille, messieurs, une enfant adorable, qui se couche tous les jours à huit heures, ici dessous. Hé bien ! toutes les nuits, à minuit, un fou sacrilège danse sur la tête de mon enfant. J'ai soupçonné les domestiques ; j'ai soupçonné le chat ; j'ai soupçonné ma femme... un ange qui n'a pas dédaigné Mabille dans son temps... Oh ! je suis bien malheureux ! »

JOSON. Attendez que je me mouche !

MITOUFLARD. Après vous le mouchoir.

LA MARQUISE. Personne ne me regarde. Allons-y !

COCODET, arrêtant Mitouflard. Écoutez !

TATILLON. Ciel !...

LA MARQUISE, se levant et dansant, tout en chantant à mi-voix.

AIR : *A la Monaco.*

Quand on n'me voit pas,
Je tricote
Et gigote,
Quand on n'me voit pas,
Je pince un petit pas.

(Elle se rejette dans son fauteuil.)

COCODET, se retournant et faisant retourner les autres. « Vous avez entendu? Personne ! »

MITOUFLARD. C'est inimaginable !

(On entend un piano jouant le quadrille du *Pied qui R'mue*).

TATILLON. Qu'est-ce que c'est que ça?

JOSON. Ah ! je n'aime pas ça !

COCODET. «C'est ce que je craignais; ma fille est réveillée; elle pince du clavecin, et ça me réveille... Ah ! je suis bien malheureux !... »

LA MARQUISE, s'agitant dans son fauteuil. Ah ! que c'est bête, ça !

TATILLON, la regardant. Oh ! regardez donc !

LA MARQUISE, battant la mesure. Non ! c'est à n'y pas tenir !...

MITOUFLARD. Tiens ! tiens ! tiens ! l'échaudée qui grouille.

LA MARQUISE, se levant comme poussée par un ressort. Ah ! tant pis !...

(Elle danse en chantant.)

AIR connu.

J'ai un pied qui r'mue,
Quoique je dis le contraire ;
J'ai un pied qui r'mue,
Et l'autre qui r'mue encor plus.

MITOUFLARD. C'est la surprise.
LA MARQUISE. Et elle en vaut une autre.

AIR :

Quand on m'voit marcher vers le lit
D' la pauvre enfant qu'on empoisonne,
Chacun s'émeut, chacun frémit,
Chacun tremble, chacun frissonne...

COCODET.

Et plus d'un s'dit : Si l'on tenait
La vieill' gredine seule à seule,
Qu'avec bonheur on lui flanqu'rait
Un joli coup de poing sur... l'Aïeule !

MITOUFLARD. Le malheur, c'est que moi, je ne suis jamais surpris qu'une seule fois par la même chose. Ça fait que ça, c'est fini pour moi.
JOSON. Alors, filons, filleul !..
COCODET. Filons, parrain !
(Ils sortent en dansant sur l'air précédent.)

SCÈNE XI

MITOUFLARD, TATILLON, puis ÉLECTO-MAGNÉTICO.

MITOUFLARD. Allons, il faut en prendre son parti ! Une bande sur l'affiche, et relâche !...
MAGNÉTICO, accent italien. Au contraire ! allumez le gaz et ouvrez les bureaux.
TATILLON. Qui est-ce qui dit ça ?...
MAGNÉTICO. Moi ! Électro-Magnético, le plus grand mécanicien du monde ! J'ai prévu que les artistes manqueraient aux théâtres devenus trop nombreux, et j'en fabrique.
MITOUFLARD. Alors les Amazones du roi de Siam ?...
MAGNÉTICO. Elles sont là, à leur poste. On les habille; seulement, il faudra supprimer le dialogue.
MITOUFLARD. Ça, ça m'est bien égal ! mes moyens ne le permettent.
MAGNÉTICO. En ce cas, vous serez content. Ah ! vous ne voulez que des femmes chez vous?... Eh bien !.. je vous en amène, qui marcheront au doigt... et à l'œil.
MITOUFLARD. Des phénomènes, alors ?...
TATILLON. Elles ne se disputeront pas ?...
MAGNÉTICO. Jamais ; et si par hasard elles se cassaient quelque chose en se cognant, il serait toujours facile de les raccommoder.
MITOUFLARD. Et jolies avec cela ?...
MAGNÉTICO. Faites au moule, et pour comble de bonheur, muettes. Enfin, le dernier mot de l'art !
MITOUFLARD. Voyons voir !...
MAGNÉTICO. Au rideau !....
Le rideau du fond s'ouvre. — On voit des figures de cire rangées sur des socles.)

Sixième tableau

Décor indien.

SCÈNE PREMIÈRE

TATILLON, MITOUFLARD, MAGNÉTICO.

TATILLON. Elles ont de l'œil !
MITOUFLARD. Oui !.. mais elles ne remuent pas !...
MAGNÉTICO. Elles vont remuer ! Attention !

MITOUFLARD. Ça se monte..... avec une clef ?
MAGNÉTICO. Vieux système. Tenez !
(Coup de pistolet. Toutes les statues remuent la tête.)
TATILLON. Voilà pour la tête ; mais le reste !
MITOUFLARD. Il faudrait s'en occuper.
MAGNÉTICO. L'électricité est encore là. Paff ! pour les bras !..
(Coup de pistolet.)
MITOUFLARD. Mais les bras, ça ne suffit pas pour danser...
MAGNÉTICO. Vous êtes exigeant ! mais je n'ai rien à vous refuser. Paff ! En avant !
(Coup de pistolet.)

Manœuvres.

LES AMAZONES DU ROI DE SIAM.

ACTE TROISIÈME

Septième tableau

L'entrée des Champs-Élysées. Au fond, le ballon-omnibus.

SCÈNE PREMIÈRE

COCODET, JOSON.

(Au lever du rideau, Cocodet tape sur une grosse caisse, Joson souffle dans une clarinette.)

ENSEMBLE

AIR :

Nous t'appelons,
Public que nous aimons ;
A notre appel,
Ne sois donc pas cruel.
Prenez, prenez, ô public parisien,
L'omnibus aérien...

COCODET. Ah ! au diable !...
JOSON, s'arrêtant sur un couac. Il n'y a pas à dire. Ça ne fait venir personne...
COCODET. Encore un moyen de fortune qui nous craque dans la main. Une belle invention pourtant !
JOSON. Je crois bien ! un ballon-omnibus, allant de la place de la Concorde au bois de Boulogne. Comme ça enfonçait le chemin de fer Américain !
COCODET. Et dire que j'avais fait tant de sacrifices !.... Enfin, j'avais été jusqu'à oublier tout ce que je vous dois, à vous, mon parrain, en vous déguisant comme ça et en faisant de vous mon domestique.
JOSON. Oh ! j'y suis habitué. Je l'ai même su gré de ne pas avoir exigé que je devinsse nègre !
COCODET. Oh ! j'y avais bien pensé. Mais à présent on a une manière pour blanchir les noirs. J'ai mieux aimé vous laisser comme ça, et vous faire passer pour un nègre blanchi. Ça deviendra peut-être plus commun ; mais pour le moment, c'est plus rare.
JOSON. Ça avait pourtant bien commencé
COCODET. Oui. Vous souvenez-vous de notre première ascension ? Quel triomphe !

AIR du *Voyage aérien* (Nadaud).

Pour mon voyage aérien,
J'avais pris les soins les plus sages,

JOSON.

Jusqu'à prendre, — il le fallait bien —
Des fusils pour tuer les sauvages.

COCODET.

De provisions pour trois ans,
J'avais encombré la nacelle.

JOSON.

Un homard, deux gigots saignants,
Pendaient au bout d'une ficelle.

COCODET.

Si notre voyage au long cours...

JOSON.

A duré juste une heure et d'mie ;
Si, partis pour Topinambours...

Nous somm's tombés à Meaux en Brie ;

JOSON.

C'est que nous voulions visiter
La ville où Bilboquet sut plaire...

COCODET.

Et qu' nous tenions à contenter
Monsieur et madame le Maire.

COCODET. Mais à quoi ça sert-il donc d'avoir des idées ? Car, enfin, je suis plein d'idées, moi.
JOSON. Je ne dis pas. Tu en as même tant, qu'il n'en reste pas pour moi.
COCODET. Et des idées neuves encore ! Ce ballon captif, c'est une idée neuve !

SCÈNE II

LES MÊMES, LE BALLON ROUGE.

LE BALLON ROUGE. Demandez ! la joie des enfants, la tranquillité des parents !
JOSON. Tiens ! regarde donc comme ça ressemble à ton idée neuve !
COCODET. Ça ?
LE BALLON. Dame ! à la taille près.

AIR : *Sous la reine Madrapatra* (Peau d'Ane).

Voilà cent ans qu'on inventa
Cette machine que voilà.
Montgolfier l'premier y pensa ;
Un autr' la perfectionna.
On l'agrandit, la rap'tissa...
Voilà tout ce qu'on y changea.
Ah ! ah ! ah ! ah !
Et vous en êtes encor là.

ENSEMBLE

Ah ! ah ! ah ! ah !
Et nous en sommes encor là.

LE BALLON.

L'on s'étonna, l'on admira,
En voyant ce phénomèn'-là.
Quant à l'utilité, voilà
(Montrant son petit ballon.)
L' plus grand profit qu'on en tira,
Seulement, plus d'un qui monta
Dans ce cass'-cou, on se le cassa.
Ah ! ah ! ah ! ah !
Et vous en êtes encor là.

REPRISE ENSEMBLE

COCODET. Oh ! voilà bien les blagueurs ! ça ne respecte rien. Mais je leur garde un chien de ma chatte.
LE BALLON. On rit avec vous, et tu te fâches !
JOSON. Bah ! Qu'est-ce que ça te fait !.. Laisse dire, et va ton chemin.

AIR :

Qu'importe, après tout, que l'on rie,
Quand tu vas, ferme et convaincu,
Tenter, au péril de la vie,
La conquête de l'inconnu?
Si jamais, grâce à ton courage,
Ces grands problèmes résolus,
Dans l'air nous ouvrent un passage,
Sois tranquille, on ne rira plus.
Là-haut trouve-nous un passage,
Et sois calme, on ne rira plus.

COCODET. Vous avez raison, parrain ! Je les ferai taire. Ils disent que les ballons, ça tombe quelquefois pile quand on veut que ça tombe face... Eh bien ! j'inventerai.....
LE BALLON. Quoi ?
COCODET. Attendez ! ça vient... c'est venu...

SCÈNE III

LES MÊMES, LE PARACHUTE.

LE PARACHUTE. Demandez ! la joie et le triomphe des enfants ! La consolation des parents !
COCODET. Sapristi ! juste ce que j'allais inventer.
JOSON. Ah ! c'est désagréable, ça.
LE PARACHUTE. Bah ! inventez tout de même. Il y a des choses qu'on ne saurait trop inventer. Ce joujou-là aura toujours du débit.

AIR : *Bouton de rose*.

Du parachute
Faut-il vanter l'utilité?
Et combien ont fait la culbute,
Faut' seulement d'avoir acheté
Un parachute!   (Bis.)
Un parachute
A l'auteur qu'on n'applaudit pas;
Un autre à l'acteur qui déchute;
A l'ang' qui va faire un faux pas,
Un parachute !   (Bis.)

JOSON. Peuh ! c'est une rabâcheuse, avec ses couplets de l'ancien jeu.
LE PARACHUTE. Il y a si longtemps que je dure ! j'en suis passé de mode.
COCODET. Ça m'est égal encore. Tout ça, ce n'est pas ma vraie invention, la grande, celui qui doit me donner les moyens d'aller où je voudrai, là haut !
LE BALLON. Va-t-en voir s'ils viennent !
COCODET. Oh ! j'y parviendrai, grâce à l'hélice.
JOSON. L'hélice ! c'est vrai ;... comme c'est simple !
COCODET. N'est-ce pas?
JOSON. Parbleu ! on prend un escalier en colimaçon. Avec ça, on monte où l'on veut.
LE PARACHUTE. Bien trouvé !
COCODET. Ah ! ce n'est pas tout à fait ça. L'hélicoptère, comme j'appelle ça... c'est une machine... avec des machins.... Enfin, c'est une idée à moi.

SCÈNE IV

LES MÊMES, L'HÉLICOPTÈRE.

L'HÉLICOPTÈRE. Demandez ! le bonheur des enfants ! le sommeil des parents.
JOSON. Encore un joujou !
L'HÉLICOPTÈRE. Mon Dieu ! oui ; et qui ne vous est pas d'hier.

AIR de la *Sérénade de Dunanan*.

Ce morceau d'bois tournant,
Qui s'envole en fendant
    L'atmosphère,
Ce p'tit bâton ailé,
C'est ce qu'on nomme l'hé-
    Licoptère.
    Laïtou !
Vole (5 fois.), mon joujou,
    Laïtou !
Vole (5 fois.) pour un sou !

COCODET. Ah ! elles sont agaçantes, ces amuseuses de moufflets !
L'HÉLICOPTÈRE. Voilà ce que c'est que de ne pas se lever assez tôt !

COCODET.

AIR du *Piège*.

De tout c'qu'on invente de beau,
Elles ont donc pris l'entreprise ;
On n'peut rien faire de nouveau,
Sans qu'une de ces dames dise :
J'ai trouvé la chose avant toi !
Ce sont de plaisantes donzelles ;
Elles n'avaient qu'à venir après moi,
Je l'aurais trouvée avant elles.

LE BALLON. Ne te désole pas ; tu trouveras autre chose.

SCÈNE V

LES MÊMES, FÉLICITÉ.

FÉLICITÉ. Pardon, excuse ! c'est-il ici qu'on enlève le ballon?
COCODET. A votre service.
JOSON. Donnez-vous la peine d'entrer.
FÉLICITÉ. Vous voulez bien l'enlever pour moi ?
COCODET. Volontiers...
JOSON. Vous savez le prix des places?
FÉLICITÉ. Oh ! n'ayez pas peur. Je payerai ce qu'il faudra, et je n'y regarderai pas. J'ai de quoi !

AIR : *du Petit clerc*.

C'est moi qu'a gagné le gros lot,
Et ça me r'venait tard ou tôt.
    Car je suis née
       Déguignonnée.
A ça j'étais prédestinée.
Et le sort n'a pas fait d'erreur.
Car je m'appelle Fortunée
Félicité Petit-bonheur.
    Oui, je suis née   }
       Prédestinée.   } (Bis.)
Le sort me devait un magot, }
Il m'a fait gagner le gros lot. } (Bis.)

JOSON. Vous avez de la veine.
FÉLICITÉ. Et vous ?
JOSON. Moi, j'en ai un peu aussi ; mais pas assez. Je prends toujours le numéro à côté de celui qui gagne.
LE BALLON. Et vous portez vos cent mille francs dans votre panier ?
COCODET. Bon ! j'allais le dire. Il n'y a pas moyen avec ces gens-là.
FÉLICITÉ. Ça vous étonne de voir que je suis restée cuisinière. Voyez-vous, c'est que j'avais une turlutaine, et la fortune ne m'a pas changée.
L'HÉLICOPTÈRE. Une turlutaine.
LE PARACHUTE. Quoi donc ?
FÉLICITÉ. Je n'ose pas dire.
JOSON. Allez donc ?
FÉLICITÉ. Hé bien ! j'aimais et j'aime encore... Non !

L'HÉLICOPTÈRE. Êtes-vous bête !
COCODET. J'allais le dire.
FÉLICITÉ. J'aime la troupe, là.

AIR : *des Demoiselles dragons*. (Robillard.)

La bonne est pour le militaire,
Dit-on ; en revanch' le troupier
Doit être pour la cuisinière,
Et je garde mon tablier.
L'épicier, que ma braise enflamme,
Le charcutier, le charbounia
M'ont dit : Voulez-vous êtr' ma femme ?
Mais, moi, j'ai répondu : Pas d' ça ?
    Je suis cuisinière,
Et je prétends l'être toujours.
    Si je suis rentière,
Faut pas que ça nuise aux amours.
    Je suis cuisinière
       Et millionnaire,
    Et c'est là, j'espère,
       Un état vraiment
           Charmant.
    Tra, la, la, la, la, la.

Faut dir' que j' n'en prends qu'à mon aise.
Quand j'ai sommeil, je n' me lèv' pas ;
Je ne fais rien qui me déplaise ;
Monsieur me parle chapeau bas.
Faut pas que madam' me taquine,
Faut pas surtout qu'ell' prenn' le ton
De venir voir dans ma cuisine
A qui j' donne le premier bouillon.
    Je suis cuisinière,
       Etc., etc.

JOSON. Et votre ouvrage ?
FÉLICITÉ. Oh ! elle se fait. J'ai un décrotteur pour les bottes, un frotteur pour l'appartement, un gâte-sauce pour la cuisine. Il n'y a que le marché que je fais moi-même.
COCODET. Il ne faut pas négliger les petits bénéfices.
LE BALLON. Et, ayant une existence si douce, vous allez la risquer dans cette mécanique-là ?
LE PARACHUTE. Sans parachute ?
FÉLICITÉ. On me l'a conseillé. Il y a un monsieur qui me l'a dit... très-bien que je connais...
L'HÉLICOPTÈRE. Qu'est-ce qu'il fait ?
FÉLICITÉ. Il est pompier.
COCODET. Je m'en doutais.
FÉLICITÉ. Il m'a dit comme ça qu'il fallait s'élever avec sa fortune... et me v'là !...
JOSON. Vous n'en serez pas fâchée... On est très-bien là-dedans... Il y a des appartements complets.
COCODET. Un restaurant, et une pleine eau.
JOSON. Et pas de danger. Vous voyez ! c'est un ballon captif.
FÉLICITÉ. Captif ! Ça ne me va pas. Bonsoir !
COCODET. Madame !

(Fausse sortie.)

FÉLICITÉ, revenant.

AIR : *du Charlatanisme*.

Avec votre ballon captif,
Vraiment, vous nous la fichez belle !
Voilà cert' un plaisir bien vif :
S'enl'ver au bout d'une ficelle !
Pour d'autres gardez votre esquif.
Je suis Français', j'ai du courage,
Et le caractér' trop rétif,
Pour monter en ballon captif.
Plutôt la mort que l'esclavage !

JOSON Mais... madame.

FÉLICITÉ, achevant l'air.

Plutôt la mort que l'esclavage !

(Elle sort.)

SCÈNE VI

JOSON, COCODET, LE BALLON, LE PARACHUTE, L'HÉLICOPTÈRE.

LE PARACHUTE, riant. C'est bien fait!
L'HÉLICOPTÈRE. Il n'étrennera pas!
COCODET. Saperlotte! c'est à en faire une maladie.
JOSON. Ne fais pas ça.
LE BALLON. Oh! quel malheur!

LE BALLON, LE PARACHUTE, L'HÉLICOPTÈRE, chantant.

Ah! zut alors! si monsieur est malade!
Il n'y aura plus de ballon,
Ni d'panier à salade.

COCODET. Silence! Ah! c'est comme ça ici! quand on est un inventeur sérieux et convaincu, voilà comme on vous traite! quand on va jusqu'à risquer sa peau pour résoudre un grand problème, voilà comme on vous récompense! Eh bien! j'ai une idée.
LE PARACHUTE. Neuve?
COCODET. Bonne. Nul n'est prophète en son pays, j'émigre.
JOSON. Où ça?
COCODET. En Angleterre.
JOSON. Ça y est... nous tenons notre veste... passons la Manche.
TOUS. Bravo!

LE BALLON.

AIR : *Quatre hommes et un caporal.*

Tu ne perdras pas tes peines. } (Bis en
L'Angleterre, c'est plein d'Anglais, } chœur.)
Et pour voir des phénomènes,
On les a fait faire exprès.

L'HÉLICOPTÈRE.

Les femmes et les fillettes } (Bis en
Y sont Anglais's égal'ment. } chœur.)

LE PARACHUTE.

Et l'on dit qu'ell's sont sujettes
A s' prêter à l'enlèv'ment.

COCODET.

Aussi je voudrais déjà
Être en ce pays modèle;
Car, c'est là qu'on se payera
D' monter dans ma na, dans ma na, na,
Oui, c'est là qu'on se payera
D' monter dans ma nacelle.

REPRISE ENSEMBLE

Car, c'est là qu'on se payera, etc.

COCODET.

Les débiteurs ne peuv'nt guère } (Bis en
A Londres, fuir les Anglais. } chœur.)
Grâce à nous, traqués par terre,
En l'air, ils trouv'ront la paix.

JOSON.

Les goddem ont l'goût d' se pendre } (Bis en
Et l' font, dit-on, par plaisir. } chœur.)
En ballon, ils pourront prendre
Un moyen neuf d'en finir.

COCODET.

Quand nous y serons, ça f'ra
Baisser le prix d' la ficelle.
Sapristi! comme on s' payera
D'monter dans ma na, dans ma na, na,
Sapristi! comme on s' payera
D' monter dans ma nacelle!

REPRISE ENSEMBLE

Sapristi! comme on s' payera, etc.

JOSON. En route!
COCODET. Lâchez tout!

Huitième tableau

Le Salon des Refusés, au palais de l'Industrie.

SCÈNE PREMIÈRE

LA PEINTURE, UN DOMESTIQUE.

LA PEINTURE, entrant. Holà! quelqu'un!
UN DOMESTIQUE. Madame?
LA PEINTURE. Allons! à l'ouvrage. Il faut que tout ça soit déménagé aujourd'hui; le nouveau locataire arrive.
LE DOMESTIQUE. Nous avons déjà commencé dans la salle voisine.
LA PEINTURE. Dépêchez-vous!

SCÈNE II

LES MÊMES, COCODET, JOSON.

LE DOMESTIQUE, les rencontrant à la porte. Qu'est-ce que vous demandez, messieurs? On n'entre plus.
COCODET. Bah! rien qu'un peu.
LA PEINTURE. Impossible! l'exposition est finie.
JOSON. Nous sommes des aéronautes.
LA PEINTURE. Ah! c'est différent. (Au domestique.) Allez! — Vous êtes venus en ballon?
COCODET. Oui! Nous sommes partis de la place de la Concorde pour l'Angleterre, et nous sommes tombés ici, au palais de l'Industrie.
LA PEINTURE. Il n'y a pas trop à dire; j'en ferai un tableau.
JOSON. Ah! madame peint?
LA PEINTURE. Je l'ai inventé. Je suis la peinture en personne.
JOSON. Et c'est là votre exposition?
COCODET. Vous avez de jolies choses!
LA PEINTURE. N'est-ce pas? Et vous êtes dans le salon des refusés... Jugez du reste!
COCODET. Vous avez été sévère.
JOSON. Ah! oui.

AIR de *Léonide.*

A refuser ces œuvres-là,
Pourquoi donc vous être obstinée?
En fait de tableaux, cette année,
Certes, le succès, le voilà!

LA PEINTURE.

Dam! Il faut bien qu'on en rejette,
Puisque l'on choisit, et pourtant,
Je dois dire que je regrette
Ces chevaux au poil éclatant...

COCODET.

C'est un jeu de bagues, je crois?
On jurerait qu'il est en vie,
Et ça vous donnerait envie
D'aller sur les chevaux de bois.

LA PEINTURE.

Tenez! Hercule aux pieds d'Omphale...
Avec joie il eût réussi
A filer dans une autre salle;
Mais je l'ai fait filer ici.

JOSON.

J'aime ce pinceau libre et fier,
Dédaigneux du poncif classique,
Qui met des bonshommes en brique
Dans un palais couleur de chair.

LA PEINTURE.

Sur l'herbe, où des messieurs discourent,
Une dame attend son peignoir,
Sans que ces farceurs qui l'entourent,
Aient l'air de s'en apercevoir.

COCODET.

Certes, ce gandin beau parleur
A du bon; car c'est, je présume,
Pour empêcher qu'elle s'enrhume,
Qu'il parle avec tant de chaleur.

LA PEINTURE.

Ce monsieur à figure austère
Chasse sa femme, et c'est au mieux.
Jugez de ce qu'elle a pu faire :
Le chien même en est furieux.

JOSON.

Je vois quels griefs sont les siens;
Sa porte trop basse l'indique.
Mais désormais quelle musique,
Si ça fait aboyer les chiens!

LA PEINTURE.

Là-bas, je crains, sous sa moustache,
Que ce guerrier ait du chagrin;
Il s'ennuie après son panache,
Qui s'envole chez le voisin.

COCODET.

Je sais un remède parfait
Pour dissiper son humeur noire;
Il faudrait lui payer à boire;
Après, il aurait son plumet.

ENSEMBLE

A refuser ces œuvres-là,
Pourquoi donc vous être } obstinée.
A tort je me suis }
En fait de tableaux, cette année,
Certes, le succès, le voilà.

JOSON. Vous avez eu tort. En fait d'art, on ne doit rien refuser.
COCODET. Tenez! nous sommes allés l'autre jour à la Porte-Saint-Martin. On jouait le *Carnaval de Naples.*
JOSON. On aurait bien pu refuser ça, n'est-ce pas?
LA PEINTURE. Ça pouvait se faire.
COCODET. Hé bien! on y aurait perdu... Nous avons entendu là une phrase qui nous a fait plaisir.
LA PEINTURE. Quoi donc?
JOSON. Oh! c'est bien simple, allez! Supposez que je sois un officier qui entre... « Général, il y a en bas un corps de quarante mille hommes qui vient d'arriver. »
COCODET. « C'est bien. Faites-les monter par l'escalier dérobé!...» C'est peu de chose, mais quand on a entendu ça...
JOSON. On s'en souvient.
LA PEINTURE. Enfin, de quoi vous plaignez-vous? Ici, refusé ou non, tout y est.

SCÈNE III

LES MÊMES, LA PHOTOGRAPHIE.

LA PHOTOGRAPHIE. Non, pas tout!
LA PEINTURE. Ah! la Photographie.
COCODET. En voilà une réclameuse!
LA PHOTOGRAPHIE. Il n'y a peut-être pas de quoi? C'est vrai, ça, qu'ici on ne refuse personne.

COCHER!... A BOBINO!

Air de *Marianne*.

En ces lieux l'égalité règne.
En ce palais hospitalier,
On voit pendre plus d'une enseigne,
Qui serait mieux chez l' charcutier.
On voit des cruches,
On voit le tas d' bûches
Peint sur le d'vant d'un'boutiqu' d'Auvergnat;
On voit, j'en rage,
De son cirage,
Un décrotteur faire admirer l'éclat.
On voit des dam's qui d' leur figure,
Font ici l'exposition,
En prétendant, non sans raison,
Que c'est de la peinture. (*Bis*.)

Et moi, nisco !
JOSON. On refuse vos images ?...
LA PHOTOGRAPHIE. Net! et si c'était seulement ici... Mais j'ai fait un chef-d'œuvre, un portrait d'une ressemblance telle...
COCODET. Que c'est défendu de ressembler comme ça.
LA PHOTOGRAPHIE. Justement. Eh bien ! personne n'en veut.
LA PEINTURE. Et l'original de ce portrait?

SCÈNE IV

LES MÊMES, LE BILLET DE BANQUE.

LE BILLET. C'est moi !
JOSON. Oh ! je trouve un billet de banque.
COCODET. Part à deux!
JOSON. Non ; c'est pour le rendre... plus tard.
LE BILLET. Prenez donc garde! vous allez me déchirer...
LA PEINTURE. Beau malheur ! Vous êtes déjà en loques...
LE BILLET. Le fait est que j'ai bien besoin de me changer.
COCODET. Je n'ai pas la monnaie sur moi.
JOSON. Vous manquez de soin ; ce n'est pas gentil, ça !
LE BILLET. Est-ce que c'est ma faute? il y a des gens si peu délicats, quand il s'agit de toucher l'argent! On me tiraille, on m'arrache... Qu'est-ce que je peux faire à ça?
JOSON. On se défend !
LE BILLET. Je n'ai pas de défense.

AIR : *du pas Styrien*.

Je suis très-bonne
Personne ;
Et chacun me chiffonne.
Le pire,
C'est que l'on me déchire ;
On tire!
J'ai beau faire et beau dire,
Et v'lan !
J'en suis pour l'accident.

L'emprunteur en quête,
Fait tant qu'on me prête ;
A ma collerette,
Crac ! c'est un accroc.
Un voleur me gobe..,
Zest ! il me dérobe,
Et crac ! à ma robe
Un accroc nouveau !
Chez Danaé, je tombe un jour de chance ;
On fait bombance,
Et l'argent danse ;
Gare à la robe, gare à l'innocence !
Je fais le saut,
Et j'attrape un accroc.
On me laisse sur un tapis vert ;
On me gagne, on me reperd.
Enfin, je suis à couvert,
Mais chez un joueur trop expert.
On le pince, on prétend
Qu'il rende l'argent!
Et par force on me reprend
Dans la poche de l'escroc...
Jugez si j'en sors sans accroc !..

Je suis très-bonne
Personne, etc.

REPRISE EN CHOEUR

C'est une bonne
Personne,
Et chacun le chiffonne.
Le pire
C'est que l'on le déchire,
On tire!
Il a beau faire et dire,
Et v'lan !
Arrive un accident !

LE BILLET. Et comme si ma position n'était pas déjà assez compromettante, il faut encore que cette gaillarde-là fasse mon portrait et le donne à tout le monde.
COCODET. C'est inconvenant!
LA PHOTOGRAPHIE. Mais non! si je vous cliche, c'est simplement comme objet d'art. (A la peinture.) Il faut que vous voyiez ça. (Appelant au dehors.) Holà ! (On apporte un daguerréotype. Au billet.) Restez là-bas, vous !
LE BILLET. Plus souvent !
JOSON. Voyons ! un peu de complaisance !
LA PHOTOGRAPHIE. Y sommes-nous? Ne bougeons plus!
(Elle fourre sa tête sous le tapis du daguerréotype.)
LE BILLET. Non, il faut que ça finisse! Ah! j'ai un moyen. Ah ! Photographie, ma mie...

AIR : *La bonne aventure*.

En fait de couleurs, si l' noir
Et l' blanc t'appartiennent,
A l'abri de ton pouvoir
Les autres se tiennent.
Vite! changeons de vêtement!
(Changement.— Il a une robe bleue.)
Et tes clichés, maintenant,
Va-t'en voir s'ils viennent, Jean,
Va-t'en voir s'ils viennent!...

LA PHOTOGRAPHIE, sortant sa tête. Ah! ça, qu'est-ce qui arrive donc?.. (Regardant une plaque qu'elle tient à la main.) C'est drôle ! ça n'est pas venu. (Regardant le billet.) Oh ! en bleu ! quelle mauvaise farce !
COCODET. Voilà une couleur qu'il vous fait voir !
LE BILLET. Ça te défrise, ça, ma biche !
JOSON. A la bonne heure !.. Vous voilà beau, vous, maintenant !.. Tâchez de ne pas abîmer votre robe neuve !...
COCODET. C'est trop vert...
LE BILLET. Non : c'est trop bleu !
COCODET. Alors il n'y a plus moyen de faire fortune !..
LE BILLET. Marche droit, tu m'attraperas ; mais si tu roules dans les chemins de traverse... Flûte !... je ne veux plus de ça !

AIR *du Brésilien*. (Offenbach.)

Si pour moi faisant l'diable à quatre,
Tu cours de métier en métier ; (*Bis*.)
Si pour vendre du sucre en plâtre,
Exprès tu te fais épicier. (*Bis*.)
Quittant le comptoir pour l'épaulette,
Croyant que l'or attire l'or,
Malgré ta stature incomplète,
Si tu te fais tambour-major...
En vain, me suivant en tout lieu,
Tu diras avec feu :
Laissez-moi (*Bis*.) laissez-moi-z-y toucher un peu
(*Bis*.)
Je répondrai : Flûte ! c'est trop bleu !
Tra la, la, la.

Industriel cosmopolite,
Si, mijotant un coup hardi, (*Bis*.)
Tu prétends mettre en commandite
Des mines de sucre candi ; (*Bis*.)
Puis de parvenir par les femmes
Si, formant le dessein flatteur,

Dans un bain à quatr' sous pour dames,
Tu t'établis maître nageur...
En vain, me suivant en tout lieu...
Etc.

Si tu deviens d' juin en septembre
Voyageur en peaux de lapins, (*Bis*.)
Eleveur de chèvres en chambre,
Professeur de chant pour serins ; (*Bis*.)
Puis, si devant la foule émue,
On te voit, au Cirque Loyal,
Danser sur la corde tendue,
Ou faire des tours à cheval...
En vain, me suivant en tout lieu,
etc.

REPRISE EN CHOEUR

En vain, etc., etc.

COCODET. C'est consolant!
LA PHOTOGRAPHIE. Mais moi, comment faire !..
LE BILLET. Toi, cours après...
(Il se sauve.)
LA PHOTOGRAPHIE. J'y vole....
(Elle sort.)

SCÈNE V

COCODET, LA PEINTURE, JOSON, L'INDUSTRIE.

JOSON. C'est malin, ce qu'il a fait là !
COCODET. A la bonne heure! A présent, on peut m'offrir des billets de mille tant qu'on voudra ; je ne les refuserai pas...
L'INDUSTRIE, entrant. Hé bien ?.. La place est-elle libre ?...
LA PEINTURE. Dans un instant. Vous allez pouvoir emménager....
JOSON. Ah! madame est la nouvelle locataire ?...
LA PEINTURE. L'Industrie ! J'ai aussi ma petite exposition à faire...

AIR *de Jean la chanson*. (J. M. Chautagne.)

Partout dans mes gais ateliers
Le bois se sculpte et l'or se file ;
Sous les mains d'ouvriers,
Le bronze s'assouplit docile.
En tableaux la pourpre et l'azur
Se mêlent sous les navettes ;
Sous les ciseaux, le métal dur
S'arrondit en fleurs coquettes.
Au son d'un refrain,
Qui met en train,
Les marteaux levés s'abaissent...
L'enclume gémit,
Le chant retentit...
Les merveilles naissent } (*Ter*.)
Ce joyeux trésor...

LA PEINTURE. Et vous allez apporter ici tous vos produits?
L'INDUSTRIE. Oh ! pas tous. Seulement, ceux qui proviennent de mon mariage avec les beaux-arts...
COCODET. Avec tous les beaux-arts? Elle est polygame... comme le Grand-Turc !
JOSON. Et en quoi consistent-ils, ces produits ?
L'INDUSTRIE. Vous tombez à pic. Les voilà!

SCÈNE VI

LES MÊMES, LE SIMILOR, LE SIMILI-MARBRE, LE ZINC, LE CARTON-PIERRE.

ENSEMBLE

TOUS.

AIR *de la Tirelire*.

Nous imitons, nous imitons.
Ce n'est rien d'être,
Il faut paraître.

C'est en imitant qu'nous faisons
De l'art comme nous l'entendons.
LE CARTON-PIERRE.
Le Carton-Pierre est mon nom bien connu,
Et remplaçant la pierre la plus dure,
Je puis couvrir les monuments, pourvu
Que l'on ait soin d'couvrir la couverture.

REPRISE DE L'ENSEMBLE
LE SIMILI-MARBRE.
Simili-marbre, ainsi m'appelle-t-on,
J'aime à tromper les yeux, et mon usage
Est bien connu des dames de bon ton;
Des murs trop mûrs je suis le maquillage.

REPRISE DE L'ENSEMBLE
LE ZINC.
Je suis le Zinc, et si l'on demandait
A quoi je sers depuis mil huit cent onze,
Je répondrais avec aplomb, que c'est
A fabriquer des objets d'art en bronze.

REPRISE DE L'ENSEMBLE
LE SIMILOR.
Prince du faux, je suis le Similor.
En fait d'bijoux, comme en fait de sagesse,
Le toc maint'nant imite si bien l'or,
Que pour choisir il faut qu'on s'y connaisse.

REPRISE EN CHOEUR
Nous imitons, etc., etc.

JOSON. Si vous n'avez que du faux à montrer, votre Exposition ne devrait pas s'appeler... Comment s'appelle-t-elle?
L'INDUSTRIE. Les Beaux-Arts appliqués à l'Industrie...
JOSON. Elle devrait s'appeler l'Industrie appliquée aux Beaux-Arts!
LA PEINTURE. Il a raison...
COCODET. C'est vous qui portez les bretelles dans votre ménage, ma chère.
L'INDUSTRIE. Et je compte bien en profiter; je n'ai pas dit mon dernier mot allez!

AIR de Lauzun.

Je compte, imitant de mon mieux,
Par des moyens économiques,
Les objets les plus précieux,
Faire des progrès magnifiques.
COCODET.
Que j'apprécierai mieux encor,
Quand vous pourrez, changeant de voie,
Nous fair' des chaîn's de cuivre en or } (Bis.)
Et des bas de coton en soie.

JOSON. Ce jour-là, je vous paye une robe.
L'INDUSTRIE. On y arrivera. Un jour viendra où tout sera déguisé, choses et gens.
JOSON. Alors, ce sera un carnaval perpétuel!
COCODET. Et un bal masqué général!

SCÈNE VI

LES MÊMES, LE TEMPLE.

LE TEMPLE, entrant. Et je fournirai les costumes.
LA PEINTURE. Vous?..
LE TEMPLE. Moi!..

AIR: Des fraises.

J'en possède en ma maison
Un assortiment très-ample.
On peut choisir sans façon;
Car c'est de l'occasion
Le Temple! (Ter.)

LA PEINTURE. Ah! le Temple! cette vieille rotonde enfumée!...
L'INDUSTRIE. Où l'on vend des guenilles!...
LE TEMPLE. Il est passé ce temps-là... Regardez!...

Neuvième tableau

Le nouveau Temple.

SCÈNE UNIQUE

LES MÊMES, TOUS LES PERSONNAGES.

CHOEUR.

C'est le Temple, (Bis.)
Le Temple neuf et coquet,
A nos yeux ici paraît.
C'est le Temple, (Bis.)
Le Temple neuf qu'ici l'on contemple.

JOSON. Où sommes-nous?
LE TEMPLE. Chez moi! j'habite un palais, et je ne décroche plus que pour les millionnaires...

AIR: Le Casino d'Asnières. (Gourlier.)

Plus d'un qui se contemple,
Se voit dans son miroir
  En noir.
Il peut venir au Temple,
Choisir un vêtement
  Tout blanc.
Epouses trop coquettes,
Trop négligents maris,
Faiseurs de folles dettes,
Traquez dans vos abris,
Vous tous, gens de Paris! (Bis.)
C'est en mon palais qu'on peut,
Venir changer de mise
  A sa guise.
C'est en mon palais qu'on peut
S'habiller à neuf comme on veut.
Ohé! courez, courez, courez!
C'est ici que l'on se déguise.
Ohé! courez, courez, courez!
Changez-vous; vous y gagnerez.

Naïves demoiselles
Qu'a prises aujourd'hui
  L'ennui;
Caissiers trop peu fidèles,
Qui rêvez un bonheur
  Sans peur;
Possesseurs malhonnêtes,
D'un argent mal acquis,
Qui relever vos têtes,
En vain sous le mépris;
Vous tous, gens de Paris! (Bis.)
C'est en mon palais qu'on peut
Etc.

REPRISE EN CHOEUR.

Ohé! courez, courez, courez!
Etc.

JOSON. Qui est-ce qui dirait que c'est un magasin, ça?
LE TEMPLE. Aujourd'hui, c'est une salle de bal, et je vous invite.
TOUS. Bravo!
LE VAUDEVILLE, entrant. Un instant! Ça ne peut pas finir sans moi, le Vaudeville.
LE TEMPLE. Ah! Ciel!... Il va nous parler des *Diables noirs*!
LE VAUDEVILLE. Il n'y a pas de risque! vous ne prenez pour un autre. Je suis le vrai vaudeville, celui qui est né au Val de Vire, créé par le Normand né malin, et si j'arrive, c'est qu'il n'est pas des Troyens!

AIR: Du Gandin de la Petite-Pologne.

La r'vue à son dernier chapitre
A besoin, quand ce n' s'rait
Que pour justifier son titre,
Qu'on lui chante un couplet.
Il faut au refrain,
Un n'ot qui s' coupe en deux ou trois;
Heureus'ment j'en sais un commode,
Et j' suis où l' prendre cette f.is.

C'est à Bo, c'est à bi,
C'est à Bo, c'est à bi, c'est à no, } (Bis.)
Bobino!
Prenez un fiacre et dites au
Cocher, à Bobino!

REPRISE EN CHOEUR

C'est à Bo, c'est à bi, etc.

LE TEMPLE. Voulez-vous vous taire, effronté!
LE VAUDEVILLE. Bah! en chansons, on peut tout dire. Et puis, j'ai de bonnes raisons à donner... Exemple!...

AIR:

Il en est que leur femme ennuie;
Au p'tit théâtre de là-bas,
Ils n'ont qu'à m'ner leur bonne amie;
Leur femme ne les verra pas.

(Parlé.) Cocher!
COCODET. Voilà, bourgeois! Où faut-il vous conduire?

C'est à Bo, c'est à bi,
C'est à Bo, c'est à bi, c'est à no, } (Bis.)
Bobino!
Prenez un fiacre et dites au
Cocher, à Bobino!

LA PEINTURE.

Faut-il dir' qu'e là... non! je n'ose.
Nous faisons selon nos moyens;
Mais on est toujours sûr d'un' chose :
C'est qu'on n'y chant' pas les Troyens.

(Parlé.) Cocher!
JOSON. Voilà, ma petite mère! Où allons-nous?

TOUTES.

C'est à Bo, c'est à bi, etc.

JOSON.

Fait's le voyage, et Dieu vous garde!
Seul'ment, — un malheur est, dit-on,
Si vite arrivé! — prenez garde
Qu'on ne vous mène à l'Odéon.

(Parlé.) Cocher!
COCODET. Voilà! Où va-t-on?

TOUTES.

C'est à Bo, c'est à bi, etc.

L'INDUSTRIE.

Rien qu'à faire la route, on y gagne.
Le quartier est gai, qu' ça fait peur.
On s'y croirait à la campagne;
En hiver... C'est déjà l' bonheur!

(Parlé.) Cocher!
JOSON. Voilà, madame! Et nous allons —

TOUTES.

C'est à Bo, c'est à bi, etc.

COCODET.

Autre agrément d'une autre espèce.
Partout ailleurs on dort... mais là,
On n' dort jamais pendant la pièce...
On est trop bien assis pour ça!

(Parlé.) Cocher!
JOSON. Voilà, mon gars. Où que nous vons?

TOUTES.

C'est à Bo, c'est à bi, etc.

LE TEMPLE.

Enfin, messieurs, d' vous satisfaire,
On a la le plus vif désir.
Si nous faisons tout pour vous plaire,
Fait's quelqu' chos' pour nous faire plaisir!

(Parlé.) Et dites comme nous...
TOUTES. Cocher!
COCODET et JOSON. Voilà! Où allons-nous?

TOUTES.

C'est à Bo, c'est à bi, etc.

QUADRILLE GÉNÉRAL

Paris. — Imprimerie Édouard Blot, rue Saint-Louis, 46.